献给

“八八战略”实施二十周年

从大地生长的艺术

浙江衢州余东农民画发展纪实

郑晓林 著

浙江人民美术出版社

现代民间艺术的传奇

《从大地生长的艺术——浙江衢州余东农民画发展纪实》序

许　江

这是一部中国现代民间艺术的传奇故事。

农民画，在中国近现代文化历史上有着独特的位置和形象。中国，是传统农业大国，农民遍布在这片广袤的土地，生存繁衍，劳作创业，栖居扎根，传宗续裔，各地的历史不同，气候和山川相异，乡风民俗亦具特色。农民画正是这种从土地上本根本土生长起来的民间艺术，栉风沐雨，枕山漱水，自带山川和乡土的风色。

20 世纪，陕西户县农民画盛极一时，其风格似工笔重彩的一类，但政治性太强，似乎并不十分可爱。2004 年第五届上海双年展以“影像生存”为题，表现影像生存及影像背景下人的生存。皮影曾被作为人类影像艺术之母，剪纸则与皮影互为姐妹。那一届双年展，我们从户县当地请人来剪纸，整个展览的第一件展品就是户县的高姓女农民专家剪出的十几幅数米长的巨型剪纸。这剪纸高悬在序厅的穹隆之上，如影如幻，那造型奇崛，构思诡异，悬空眺望，只若黄土高原的桃花秘境。主席台的脚下正是装有二十万把剪刀的大玻璃地柜，立其上，如屹立于古迹遗址之巅，户县的乡风民气，由此可见波澜。

浙江秀山丽水，亦是农民画兴盛之地，其中以嘉兴秀洲农民画最为突出。水乡的秀丽染得此地画风洒然，水色氤氲，窈窕有味。舟山的渔民画也富特色，大海摇荡，色彩激扬，自有浪花灿漫。多年前，我在浙江美术馆观一位渔民的画，正赞不绝口，背后传来一个沙哑浑重的嗓音:“许教授，我们呷酒去！”说话的正是作者船老大，一派豪爽，直如画上的大气沉雄。

《从大地生长的艺术》写的是浙西衢州大山里余东村的故事，这又是浙江农民画的一个山乡重镇，作者写这个山村的一群人，写他们坎坷却火热的绘画之路。通过这个农民画家群体，我们感受到浙西山里人特殊的执拗，感受到一种崇文向善之风深厚的民间伦理。这种伦理不是指为了谋生挣钱而拜师求艺，而是为了让自己的生命有一份抒展，让自己的生存怀一份品味。这些淳朴的山里人，以自己朴素的目光，将小小山村的政治话语移入民间的视觉，驱动简明直观的绘画方式，却叩问绘画的伟大文明是否能表现自己的山川和生活，是否能直抒心中的感情。本书的作者着重刻画了这些农民画家寻梦的传奇。在他的笔下，余东村是一个摇篮，画家们的成长多有不易，却总能在家园滋养中捕获力量。这些初心毫无功利的农民绘者，在农事生计的间隙，寻师访友，绘画写景，将朴素的感受绘于纸上，进而将文化的理想与民间的品味混为一体，铸炼成某种特有的绘画风貌：农民的生活与爽朗的视野；散点结构，人景浑成装饰的一体，即造型饱满，结构如植物般丰满；色彩鲜艳，色调若节日氛围那般欢快。这种民间的语言既不似经典绘画的焦点透视那般，被反复地塑造着；又不似传统水墨的程式，山水花鸟俱有一定的样法。它富于想象，表现自由，有很强的叙事效果。报告文学的作者以详密的手法，细致地描画了余东村的绘者们是怎样以一种土地的目光，跬成这种扑面而来的民间风格，进而传递农民的、地方的价值观，塑造乐观喜庆的、特殊的观赏性。作者深情地写出了半个世纪余东村农民精神上的传奇之旅。

余东村的农民绘者集群不是偶然形成的，其离不开社会各界的支持，离不开社会主义新农村建设的关爱。作者细致地记录了余东村农民绘者半个世纪的飞跃：最早的连续三届的培训班；以培带学、以评带培的教学方法；市县一线的专业画家怎样在民间品味与专业品味之间搭桥，悉心辅导，既保持创者土生土长的原味，又能提升其艺术的表现力；市县乡领导对余东村的支持；小村地标文化活动中心的建造；基层文艺骨干补贴的争取和发放；国家、省级大展的获奖；省城、京城艺术殿堂的大展；中国乡村美术馆的建立……这一件件、一桩桩，延绵铺陈，使得这个乡艺故事具有浓厚的中国式社会的发展性质，具有浓厚的时代印记。作者以故事性很强的章回式叙述，铺展开余东村农民画起伏发展的全景。没有文化的村庄，是没有灵魂的。余东村的农民绘者们以特有的绘画语言和民间风格，不仅为自己塑魂，也为整个新农村、整个现代民间艺术述说成长与传奇。

雄鸡群聚，满满的红冠。《大吉图》既是雄鸡的群像，也是新农村的写照，在这绘画的背后，是绘者对雄鸡的“五德”之念：文为鸡冠，武为麟羽，信为报晨，义为呼食，勇为护斗，民间的伦理在这里得以圆满呈现。这种伦理的倾向是农民画的底色，是民间艺术生长的真实的大地。《百年孤独》中的马孔多，最后走向亡轶，就是因为这种伦理的丧失。相比马孔多的传奇，余东村是另一种传奇，另一种中国式农村的传奇。中国的农村千年不老，辗转兴盛，正在于这种伦理的浸润和滋养，在于农民通过自身的民间艺术方式来将之不断地传承与发扬。

《从大地生长的艺术》为余东村农民绘者书写了集体传记。它把一片片散落的个人记忆，缀成一份珍贵的集体记忆，从而揭示新农村文艺的如歌史记。它的叙述关联着半个世纪的风雨历程，也淬炼着我们曾经和正在经历的生活现实和大地情怀。

愿这山村的传奇火种在新农村的广袤大地上灿漫燎原！

（作者系中国文联副主席、中国美协副主席、浙江省文联主席）

目　录

引子

在浙江的西部，有一座美丽的城市——衢州。从一个“衢”字，就可以知道这是一个与“通衢大道”有关的地方。

衢州南接福建南平，西连江西上饶，北邻安徽黄山，东与浙江金华、丽水、杭州三市相交，历来是浙、闽、赣、皖四省边际交通枢纽和物资集散地，故有“四省通衢，五路总头”之称。

孔氏家庙全国有二，一北一南，北在山东曲阜，南就在衢州。“靖康耻，犹未雪，臣子恨，何时灭。”北宋靖康年间，大批皇族南迁，孔子的嫡传子孙中有一支就迁到了衢州。宋高宗感激孔氏后人“护驾南渡”的功德，颁旨给孔氏后人，赐家衢州，故此地有“东南阙里”之称，连元世祖忽必烈也盛赞衢州的孔氏后人是道德楷模，“真圣人之后也”。因此，衢州以“南孔圣地·衢州有礼”作为城市品牌源远流长。

衢州的生态山水极美，仙霞岭山脉、怀玉山脉、千里岗山脉将衢州三面合抱，宋代曾几写过一首《三衢道中》：“梅子黄时日日晴，小溪泛尽却山行。绿阴不减来时路，添得黄鹂四五声。”衢州山美水丰，常山江、江山江、乌溪江等九条江在城中汇聚一体。浙江的母亲河——钱塘江就源自衢州开化北部的莲花尖，那里“峰雄岩奇峭崖险，云涌雾起天象奇，瀑飞潭碧江源秀，林茂树古花烂漫”。从这样的高山密林中流淌下来的清水，甘洌丝甜，胜似琼浆。

让我们把目光再聚焦于衢州柯城区所辖的沟溪乡，那里也是三山环抱，北支黄茋山，西支樟树坞尖，东支花坞尖，就像母亲环抱孩子，把整个乡紧紧地抱在怀中。而发源自衢北第一高峰白菊花尖的沟溪则纵贯全境，因其河床坡陡，水流湍急，或澎湃汹涌，一泻千里，或波缓浪慢，波澜不惊，从沟溪口一路奔腾到常山江。

这沟溪的水到了余东村就是大俱源，日夜流淌，水拍两岸，千百年来一直滋养着世世代代的余东村村民。余东地处沟溪水之东，多为余氏居住，故有此名。据民国《衢县志·族望志》记载，这里的余氏系五代时期余势亮的后裔。

余势亮为五代后周进士，授至德大夫，政治殿太子少保兼礼部尚书，锦外殿大学士，后因“同寅不协、诬奏离任”，于显德五年（958 年）归居开化方山。当时正处五代末期，世局纷乱，遂潜心攻读二十余年。北宋建立后，局势稳定，于太平兴国年间(976—984 年)携全家迁居信安大俱源淤林（今石梁大俱源下社）。

清代的叶淑衍在诗歌《妙山道中》写道：“荞麦青黄杏柳妍，行吟倦坐亦陶然。相呼野鸟谈何事？自在长松不计年。涨涧流花三月雨，夹冈蒸树两村烟。桃源未必知仙诀，避得秦苛即是仙。”这样的桃花胜境，相信正是余势亮老祖宗及后人都心向往之的。

余东依山傍水，肥田沃土，阡陌人烟，自古就是一幅经典的江南水墨画。村边的罗汉山绵延隆起，横亘东南，再逶迤西去，气势雄浑，苍松翠竹终年郁葱，四季山野遍地花开，犹如一位天才画家激情地挥毫泼墨，浓墨重彩，画面美艳动人；清亮亮的大俱源溪，从北面千里岗的崇山峻岭间，一路淙淙而来，沿着余东村边留连不舍，恋恋西行，留下一路深情的吟歌。

当年溪边的小桥流水、古樟水碓，村里的老屋宗祠、粉墙黛瓦，还有山野、田畴，余东村看似经过漫不经心的轻描淡写，但岁月流逝，又是谁在精雕细琢？天然的底色上点染有致，浓淡相宜，全村一代又一代人就生活在这幅画里，日出而作，日落而息，看花落花开，随云卷云舒，就像大俱源的长流水，自然朴实，清淡平和，在不乏忧伤与苦涩的时光里，品味生活的另一种芬芳，且始终有着多彩的期盼与美好的梦想。

多少年来，当雄鸡三唱之后，清晨第一缕暖暖的阳光，在罗汉山的竹木树梢间跳跃闪烁，余东村新的一天就这样拉开了美丽的幔纱。晨光里的浓浓淡淡，影影绰绰，明灭闪烁，让村庄成了一幅大写意的水墨丹青。

袅袅的炊烟在一家家农舍灶屋上冉冉升起，随风飘散，渐渐与清早薄薄的晨雾融为一体。薄雾夹带着柴火的松香和大米的饭香，是一天最初的问候，也是一生难忘的记忆。

空旷而透明的天际间，有牛羊的叫唤，人的吆喝，溪边洗衣服的女人们清脆的笑语，相伴着香樟树上鸟雀的清啼。水声如歌，在你经过的任何地方轻吟；水面似镜，倒映着青山、屋舍、蓝天、白云。行走在乡间的小路，带着露珠的花草就会吻着你的裤脚，沾湿你的鞋子和裤腿，令人惬意与心动。

到了傍晚，人们收工回家，扛着锄头、挑着担子，扁担晃悠晃悠，是轻松喜悦的“猫步”；溪里洗澡的男人，洗衣的女人，打闹的孩子，在水花飞溅中谱写着安逸的三重唱；夕阳的余晖里，晚归牧童在牛背上吹着横笛，笛声悠扬，和着水碓吱吱呀呀转动着的巨大轮盘，永不疲倦地唱着那首古老的歌谣；家家堂前饭桌上溢出农家饭菜诱人的清香，是母亲无声的召唤，是阖家日常的欢乐。

这时的人们就会有唱一首歌、画一幅画的冲动，这种冲动是要把心里的情感表达出来，以感恩这片养育了世世代代余东人的热土。半个多世纪前，余东村几位爱好画画的农民，在县文化馆老师的指导下，开始了别具特色的美术创作，他们“白天扛锄头，晚上提笔头”，逐渐打响了“中国第一农民画村”的品牌。

改革开放是春天朝阳，迎来了乡村明媚的阳光；“八八战略”是春风化雨，激活了心中那个七彩的梦想。如今，余东村已经形成了融农民画、文创、旅游、研学于一体的致富产业链，从大地生长起来的艺术，是那充满活力和生机的生命畅想！正如文艺评论家胡一峰所言：“艺术乡建是对文脉的延续，也是对乡土文化的深耕，是地域美学的艺术转化，也是文艺人民性的内涵呈现。”

朋友，请你走进余东村，美丽的画卷，在你眼前徐徐打开；贴近那群痴迷画画的农民兄弟吧，人生的大戏，就会在你耳旁鸣锣开场。

第一章

最初的“垦荒牛”

余统德的故事

1950年，余统德就出生在余东村，余姓是这个村里的大姓，到他这一代已经是第几代了，余统德自己也说不清楚，“反正我爷爷的爷爷都是在余东村的，但对前辈记得最牢的，当然就是我的父亲了”。

余统德的父亲叫余三古，是余东村远近闻名的手艺人，做得一手好的篾匠活，号称“衢州西门外第一把篾刀”，什么竹桶、水桶、饭桶，统统不在话下。编器具，有时还要编进暗“八仙图”，远近百姓个个喜欢；编篾席，更是要插进各种各样的图画来。你想一想，如果是在炎热的夏天，睡在荷叶摇曳、荷花茂盛图案的篾席上，那是一种怎么样的心情？余统德时常看到父亲眯着眼睛，看着手里的篾席、篾桶，那种陶醉的神情，成为小统德“什么才是人生最大快乐”的最初定义。

余三古的篾匠手艺在农村节日里更是大有用武之地。每到过年的时候，村里都要扎龙灯、画龙头，余三古既是组织者，更是技术总监，忙前忙后要忙上好一阵子，这时候要是有人再请他做篾活，不管出的是什么好价钱，他肯定不会去的。在余三古看来，扎龙灯是一件神圣的事情。农村人朴实，对天与地都有自觉的敬畏感。

当欢快的锣鼓在村头村尾惊天动地响起来的时候，小统德最为快乐的事情就是跟着哥哥跑前跑后。清脆的笑声在冬天空旷的田野上，传得很远很远。

余家兄弟四人，三个人都是做篾匠的，就是老三余统德没有学来这个手艺，究其原因，是他小时候身体不是太好，一是个头比较小，再是当时腿脚有些不便（后来活蹦乱跳，那是后话了）。看着大人、哥哥都忙活的时候，小统德便有些无聊，就跟在后面描描画画。

篾匠的活干不了，那么在水碓舂米，给大人帮帮忙，还是可以的。许多年之后，余统德画了一幅非常精彩的《水碓图》，便是在这个时候种下的生活经验。当有人问起这幅图画何以如此生动，劳动气息这么浓重时，余统德会说："这些都是印在我的脑子里的，我闭着眼睛都能把它们画出来。"

就在余统德 14 岁的时候，有天晚饭之后，父亲余三古照例与孩子们说说家常事，跟老二余统善交代第二天的活计，嘱咐一些需要顾及的地方，然后，余三古就回房间睡觉了，就像无数个安静的夜晚一样。但是，余家兄弟永远都会记住这个“但是”之后的场景：就在第二天一早，他们发现，他们敬爱的父亲、他们生活和艺术的指路人却躺在床上，毫无征兆地永远离开了他们！余家兄弟的天塌了下来。

父亲壮年早逝，给他们兄弟留下了吃用一生的好手艺，给余统德遗传了许多无师自通的艺术细胞。

少年丧父，余统德是不幸的；但人生的路上，一直有好老师的辅导和指引，余统德又是幸运的。

喜爱画画的小统德，从小学到初中，班主任都是美术老师。“我实在是太幸运了！”余统德经常会这么说。老师在课堂上，时不时会表扬一下学生的图画作业，这是 20 世纪 60 年代老师通常的做法，但就是这样平常而细小的举动，在小统德幼小的心灵上播下了激励的种子。快乐学习，快乐画画，成为余统德终身学习的动力。

对余统德来说，课堂学习已经不能满足他的学习欲望了，于是他就走出了村庄，向黄乐川老师求教。黄老师在衢州一带以画西葫芦和大公鸡闻名，他的妻舅洪瑞在花鸟画上也是一把好手，“芝麻开花”被他画得风生水起。50 多年过去了，说起黄老师，余统德还是会说：“当年他一直让我体会‘瓜大鸡肥’和‘鸡肥瓜大’之间的变化，我一开始还懵里懵懂，现在知道了，里面有透视和构图方面的讲究。”

在向黄乐川老师求教的同时，余统德转益多师，经常去衢州画家周一云家求教。周老师也是画花鸟画的名家，在衢州颇有名气，他的家虽然有些破旧，但房间里到处都是书、字、画，余统德当时画了一幅《赤脚医生》，周老师就指点他，箩筐里面放草药，会是怎么一个形态，草药的样子又有什么特点。从细节到空间布局，周老师不厌其烦地给了青年余统德许许多多的教诲，让他在潜移默化中受益终身。“只可惜周老师一直都没有正式工作，除了画画，还是画画。他最后担任的是衢县文化馆顾问，还是一个不拿工资的职位。”

1972 年的时候，衢县文化馆的毛翔先老师来到了余东村，有意识地对包括余统德在内的这批爱好画画的农民进行专业的辅导，这让余东村的小伙子们乐不可支，画画的热情空前高涨。毛老师是搞木刻出身的，余统德的绘画也就慢慢地向毛老师的风格靠拢，有了一些木刻的表现手法。

毛老师对余统德严爱交加。有一次，为了装裱一幅画，余统德没有整体意识，多裁掉了 1 厘米，结果挨了毛老师的一顿骂。到今天，余统德提起这事，还是有点心有余悸。

又有一次，余统德把刚刚画好的一幅画《夏夜纳凉图》送到毛翔

余统德　毛翔先　林国镇　丰收运动会

该作是余东农民画家标志性作品，油印套色木刻，入选了当年的全国美展，后被出版社印制成年画出版发行，发行量达到了20万张。这在衢州美术史上也是无出其右的。

余统德　村里第一台电视机

先老师家，请他指导修改。这幅画画的是一家老小坐在自家庭院的丝瓜架下，其乐融融地看电视。那个时候，电视机刚刚出现在中国的普通家庭，余统德马上抓住了这个新鲜事物，通过农民画进行了实景记录。进了毛老师家的门，余统德有些忐忑不安，再看到毛老师的同学也在，知道同学就是省城杭州大名鼎鼎的画家董小明，余统德的心更是提到了嗓子眼了。

“你看看，你看看，我的这个学生怎么样？”毛翔先的话虽然是一句疑问句，但是语气中充满了自豪，甚至还有些炫耀的意味。能够在省城的老师面前得到如此评价，余统德觉得那就是最大的肯定了。老年的余统德讲起这一段往事，眼睛里还是放射出些许火花来。

这幅《夏夜纳凉图》还有一个后续故事。2021 年 6 月，余东村的 26 位农民画家精心创作的 100 件农民画作品，亮相“感恩共产党，描绘新时代——庆祝中国共产党成立 100 周年余东农民画展”，余统德的这幅作品以《村里第一台电视机》的新名字，参加了这个展览。一个多月以后，浙江省委宣传部、省直机关工委、省委党史和文献研究室指导，浙江省文联、中国美术学院共同主办了“百年担当——庆祝中国共产党成立 100 周年浙江艺术特展”，特展以全艺术门类融合的当代展陈方式，展出 1000 余件 / 组反映浙江百年文艺史的重要事件、重要人物、重要作品，而余统德的这幅作品被策展组选中，成为展览中浙江现代民间绘画篇入选的唯一一件原创作品。由此可见，毛翔先当年为余统德这位学生的作品感到骄傲，是有一定艺术眼光的。

那几年，衢县文化馆每年在 6 至 7 月间，都会到金华双龙洞举办农民画培训班，指导绘画，修改作品。余统德的许多作品都是在那里完成的，当然，也都少不了毛翔先老师的悉心辅导。

1977 年，余统德、毛翔先、林国镇合作的《丰收运动会》，入选

余东农民画家余统德

了“浙江省美术作品展览”，后参加了全国美展，这是余东村第一张入选全国美展的农民画作品。在这幅农民画中，“农业学大寨”的墙报标语，表明了这幅图画的时代背景；作品用色明快和谐，层次错落有致，满树红叶暗示了场景的季节，而布满了整个画面的红色、橙色和黄色，则是丰收喜悦的心情写照；作品用俯视的视角，描绘了农民举办“丰收运动会”的大场景，焦点集中在三位挑担赛跑的农民身上，他们大步流星地绕过障碍，向前奔跑。作者抓住了农民抵达终点前极具张力的瞬间，增强了画面的叙事性。这幅作品后被浙江人民出版社印刷成了年画，以“8103·186”的统一书号出版发行，当时售价是1角4分，发行量达到惊人的20万张。

在余东村小小的供销社里，余统德的这幅农民画也被高高地挂在了最显眼的地方，在余统德看来，就像是远航舰艇上的旗帜。确实，余统德的创作生涯从此远航。今天看来，这绝对是余统德绘画生涯的一件大事，也是余东村农民画起步发展的一件标志性的事情。

但是在当时，24 岁懵懵懂懂的余统德并没有清醒地意识到这一点，出版社曾邮寄给他 50 幅年画充作稿费，他开开心心地收下后，全部分发给了周围的亲戚和邻居，最终竟没有一张留给自己，以至于今天我们只能通过余统德朋友发来照片，才得以欣赏到他的这幅成名作。

郑根良的故事

郑根良是一棵从田野里生长起来的农民画大树，对 1951 年出生的他来说，母亲就是他最初汲取养分的宽阔“大地”。

郑根良母亲余三文，祖祖辈辈都是余东村人，她的父亲余双福，是晚清时期余东村有名的文人，酷爱书画笔墨，尤其是指画，非同一般，十里八乡的农户需要写字画画的，都会来找余双福。人有文化，就会变得比较开明，他并不重男轻女，对于女儿的教育也非常重视，从小指导女儿写字画画。正是在这样的环境熏陶下，余三文也慢慢成为当地小有名气的画家，她画扇面、剪纸、绣花、扎灯样样精通，国画、书法更是颇有品位。

郑根良父亲郑资春的祖辈是 1913 年从常山县金源乡郑家村迁入余东村的。郑资春这个脑子灵光、手脚灵活的小木匠，造房子、打家具在方圆几十里颇有名气，很受当地姑娘的青睐。有一次，一户农家需要打一张子女结婚用的大婚床，郑资春把床打得结结实实，床围板刨得平平整整，于是床主人请来了余三文，让她给大床描红添彩。余三文二话不说，用了三天时间，把那张婚床描画得流光溢彩。郑资春一下子就怔住了，这一边余三文也对小木匠的手艺非常欣赏，爱情之花就这样悄悄地开放，一张婚床就是千里相会的那条线，将有情人串成了眷属。

婚后的余三文里里外外都是一把好手。哪家造好房子了，余三文就去绘个墙画，把那户新房装点得喜气洋洋；哪家做好灶台了，余三文就在灶台上画上民间传说，让“灶王爷”能够对这家人多多关照；哪家打个床柜了，余三文就把床啊，柜啊描个光彩夺目。这个时候，被母亲带着走东家、闯西家的郑根良，就会静静地看着母亲调颜料、勾轮廓、画花鸟，母亲的画板就是一个神奇的调色板，墙面上、灶台上、床柜上被母亲轻轻地那么一抹，就那么神奇地变幻出一幅又一幅美丽的图画！

肥沃的土地润物细无声地滋润着郑根良这棵小小的幼苗；而幼苗呢，则以一种奋发向上的姿态，向着艺术的天空努力而勤奋地生长着。那个时候，或许还没有“非物质文化遗产代表性传承人”这一名称，但在少年郑根良心中，将外公、母亲的绘画手艺继承下去，是他画画的原生动力。

少年郑根良对画画到了痴迷的程度，不仅随手拿到的白纸上都会落满各种各样的小人物、小动物，就连课本空白的地方，也都画上了花花草草。郑根良有这样一个本事：他可以一边听老师讲课，一边随手画画，真的能够左右大脑一起使用。最后功课也没有受到什么影响，大多数的成绩都在 90 分以上，高小六年级的时候，他还在航埠全区作文比赛中拿到了第一名。

郑根良是作为高才生来到衢州二中上初中的，用今天的话来说，就是考上了重点中学了。但是不久，1966 年“文化大革命”开始了，学校都停课了，15 岁的孩子带着少年特有的激情，瞒着母亲，偷偷与同学们一起西往上饶，东向杭州，南去福州，北上上海、南京、徐州，一直来到日夜向往的北京，受到了毛主席在天安门广场的第五次

郑根良 飞机治虫

郑根良 夏·大暑

大接见。

这一番终生难忘的经历，让一个封闭在大山深处的农家子弟，增长了相当的见识，也开拓了广阔的视野，为日后的美术创作提供了不可或缺的社会阅历基础。但是，因为是偷偷跑出去的，还跑得那么远、那么野，让疼爱儿子的母亲提心吊胆、坐立不安。就在离初三毕业还差半个学期的时候，母亲再不允许他回校去读书了，让他跟着父亲一起出去做工去。

郑根良的校园生活就这样戛然而止，但他的绘画爱好却一直在心中生长着。“五洲震荡风雷激”的时候，他和余统德一起在村里画起了毛主席像。从艺术角度而言，这对他们两人的造型能力是一个极大的挑战，在那个时代，如果毛主席的像没有画好、画像的话，那可是十分严重的事情，其造型训练要求之严苛，与今天艺术院校画石膏写生、画人体素描是不可同日而语的，这恰恰磨炼出他们比较出色的造型基本功。到了1972年的时候，再在墙上画一些丑化坏人物的漫画，对他们来说就是一件驾轻就熟的小事了，同时也让他们的人物造型能力得到了比较全面的提高。

1973年9月，余东村附近的山上，大片大片的松树闹虫害，政府调来了解放军的飞机洒农药灭虫。那天，郑根良作为公社的基干民兵，到山上去给飞机做坐标，细心的他不忘带上画笔和画板。

郑根良看着飞机从远处飞来，拖着两条长长的水雾，在蓝天上快速移动。飞机靠近时，满天的水雾弥漫在空中，缓缓地落到山上那些松树上。阳光笼罩着山林，让周遭的水雾有了一种梦幻感，仿佛还有一道隐隐约约的彩虹。“太美了，这是一个多么新奇的画面呀！”郑根良非常激动，创作的欲望一下子被激发了，他兴奋地拿起画笔，迅速地构图、速写，结果，坐标任务完成了，一幅《飞机治虫》的草

余东农民画家郑根良

图也出炉了。

带着热乎乎的《飞机治虫》和《村庄村貌图》，郑根良约上余统德，兴冲冲地跑到衢县文化馆，找到他最尊敬的美术老师林国镇、毛翔先求指点。

只是当时他不知道，他的这一请教，引起了专业老师对余东农民画的重视，也引发了后续一系列的创作辅导。这个故事，我们在后面还要叙述。

那个时候，郑根良和余统德都是当地的“秀才”，21个自然村，哪个村里要出墙报、要画宣传画，都会马上来叫他们，他们立马就去，从来不要什么报酬。

生产大队的领导虽然没有多少文化，但是年轻人好学习、走正道，他们就大力支持。当各种各样的培训班，还有创作展览的通知过来时，大队长会说：“这是国家的需要，你们去好了，安心！”有时候会出去 20 天，回来之后照样按“正劳力”算工分，每天十分。

做自己喜欢的事情，有老师们的悉心指导，有培训班同学的相互交流，有正劳力工分可拿，还可以到衢州大城市去展览，得到大家的肯定与赞扬，这样的好事当然是求之不得了，郑根良满心欢喜，认为自己是天下最幸福的人了。

郑华土的故事

郑华土是一个非常细腻的人，第一次见面，就拿来许多他精心保留的 40 多年前的原始资料。这些纸张已经发黄、发脆的文件，使我仿佛掉进了时间隧道，一下子回到了余东村农民画最初发展的年代。

郑华土最初的代表作是版画《初春的早晨》，我从那些历史陈迹中看到了其创作的路径。

在 1976 年 5 月 29 日浙江省文化局《关于召开全省美术创作会议的通知》中，可以看到，“为了落实中央文化部文发〔1976〕9 号通知和全国美展办公室有关的补充通知精神，积极抓好我省重点作品的加工，确保我省在七月份能有一批较高质量的作品上送中央，中共浙江省委宣传部于 1976 年 5 月 12 日发出省宣文〔1976〕13 号文件通知各地。现经预备会研究决定，抽调你县郑华土同志参加会议，会期从 6 月 10 日起至 7 月 20 日止，完成较快的作者可提前结束。为此，请予尽早转知作者随带画稿、创作工具和粮票等生活用品，于 6 月 9 日准时到达金华地区革委会第一招待所报到，以便集中去双龙洞招待所”。油印的“通知”上，又用钢笔注明了加工的作品是《初春的早晨》。

在一份 1977 年由浙江省文化局、浙江展览馆主办的以“热烈庆

郑华土　毛翔先　沈高仁　初春的早晨

这幅画创作于 1976 年在金华双龙洞举办的“全省美术作品加工会”，有三位作者，显然是集体创作的结果，这是那个年代比较流行的一种传、帮、带的创作模式，以有经验的专业美术干部带动初学者或业余作者共同创作。该作品入选了“1977 年全国版画展”。

祝粉碎‘四人帮’篡党夺权阴谋的伟大胜利”为主题的《浙江省美术作品展览目录》中可以看到，郑华土与毛翔先、沈高仁合作的作品《初春的早晨》入选了该展览。《目录》中，还同时可以看到余统德、毛翔先、林国镇的作品《丰收运动会》，郑根良、季阳的作品《橘乡传喜讯》也名列其中。

浙江省美术展览办公室编发的1977年第一期《美术通讯》中，有一篇《全国美展作品评选会概况》，里面提到版画《初春的早晨》入选了全国美术作品评选。从这份《概况》中可以看到，为了这次评选而成立的18人评选小组里，华君武挂帅，其中不乏中国美术界的泰斗级艺术家，如蔡若虹、古元、吴作人、刘开渠、邵宇、吴耘，还有日后成为中国美术界中坚力量的杜健、景玉书、江有生、英韬、赵枫川、夏湘平等，在专业评论代表中则有王朝闻、赖少其、李焕民、黄新波、汤小铭等艺术大家，这样高端阵容评选出来的美术作品，其权威性和艺术成就不容置疑，也难怪郑华土说到《初春的早晨》时，眼睛里总会充满自豪的光芒。

似乎每个余东农民画家的启蒙和成长，都有一个伟大的母亲站在身后，郑华土也不例外。他母亲有一些美术功底，尤其是画马非常厉害，在小华土看来，造型很逼真，这多多少少带给小华土一些遗传因素。加上小华土对绘画到了痴迷的地步，只要看到书上的画，他都会照着临摹一番，久而久之，他画得几乎与书上的一模一样。

1972年，郑华土从航埠中学高中毕业，没到一年，听说沟溪中学需要一位教初中的代课老师，他就兴致勃勃地去了，教了三个月之后，他就不干了，“觉得忙忙碌碌，太不自由，还是回家画画来得有意思”。

1974年，衢县文化馆举办的农民画培训班就放在了余东村。郑华土听到消息后，晚上来到余统德的家，希望老余能够向文化馆的老师推荐一下自己，也参加这个培训班。余统德也是个热心人，第二天就向林国镇老师报告了这件事。

林国镇一听，说："好啊，那就请小郑先画一幅作品，让我看看。"

"这不是很简单的一件事吗？"郑华土毕竟有绘画基础，又在不断学习民间剪纸和年画，所以，他只用了一个晚上，就完成了一幅自己认为还算满意的作品。第二天，就将作品送到了林国镇老师的面前。

林老师一看，"哦，这小伙子的色彩感不错嘛，是个画农民画的苗子"。他当场决定，让郑华土参加培训班。就这样，五十都村的郑华土和余东村的农民画结缘了，这一结就是五十年。

扎实良好的绘画基础，勤学好问的虚心求教，再加上深刻的个人感悟，郑华土的进步很大，没有多久，《小木工》《新队长》等作品频频问世。乘着作品获奖的东风，1977 年底全国恢复高考的时候，郑华土怀揣着上大学的梦想，走进了浙江美术学院（现为中国美术学院）。在那个招生现场，浙江美院教授吴山明老师看了他的画说："你这个画，从艺术水平来讲，可以进入美院来学习了。"

浙江美院的入学竞争一直非常激烈，那一年有几百人参加艺术考试，结果他名列第 8，而全省的名额只有 6 个。更要命的是，他的文化课成绩只有 200 多分，与高考录取线相差了 30 多分，郑华土最终没有进入梦寐以求的浙江美院学习。这次考试时，他已经 25 岁了，按当时的政策，这是他的最后一次高考机会，第二年开始，他就不能再参加高考，郑华土与大学的缘分因此就没有延续下去。

虽然没有进入美院学习，但作品获奖和老师的肯定，特别是吴山明老师的一番话语，无疑给了郑华土追求艺术的不竭动力。于是，

余东农民画家郑华土

他拜当地的周一云、孙韬成为师，心无旁骛地继续画着自己的画。

郑华土有一位舅舅，1949 年 5 月到内蒙古公安厅工作。在那个非常年代，他在鹤岗被关了“牛棚”半年多，郑华土的母亲不时嘘寒问暖，所以一直保持联系。1980 年，内蒙古新河警校招聘美术老师，舅舅就把这个消息告诉了赋闲在家的郑华土，让他赶紧来内蒙古应聘。于是，郑华土怀揣着一份“创作证明”和一颗激动的心，奔向了内蒙古大草原。

这里，转录一下 1980 年 12 月 4 日，衢县文化馆为郑华土出具的“创作证明”。在这张盖着当年公章、现在已经发黄脆破的纸上，有着县文化馆对郑华土最初的艺术鉴定：

郑华土同志系我县沟溪公社农民业余美术作者，1973 年创作《新队长》参加省美展，1977 年创作《民兵组画》参加省美展，1976 年与本馆美术干部毛翔先同志合作了《初春的早晨》，参加全国版画展览（1977 年），另外有《绝色的湖》等参加县美术展览。该同志有一定的美术爱好和创作能力，但平时缺乏严格的基础训练，特此证明。

内蒙古新河警校求贤若渴，看到有如此精彩的创作实绩就“不拘一格降人才”，也不管他是否“缺乏严格的基础训练”，直接录取，直接让他上课了。

郑华土的人生，本来可以在内蒙古警校里一片光明地发展下去，但是命运的转折却再次来临：因为他是农村户口，学校不能解决他农业户口转非农业户口的问题，这就意味着他不能转为正式编制的老师，原本希望能够成为体制内教师的美好愿望，最终还是破灭了。在经历了四个多月的内蒙古警校生活后，郑华土只能又回到了家乡衢州。

这样因为身份带来的打击，对郑华土来说已经不是第一次了，1970 年，还在读高中的时候，他已经通过了飞行员身体素质考核，但因为外婆是“地主”身份，他成绩再好，素质再佳，也只能“空悲切”！

从内蒙古回来的郑华土，心情会是怎么样？在路遥的小说《人生》里，主人公高加林高中毕业回到村里当上民办小学的教师，他很满足这个既能体现他的才能，又让他充满希望的职业，但是好景不长，他被有权有势的大队书记高明楼的儿子顶替了，他重新回到了土地。那种失意无奈，甚至有些绝望的描写，正是郑华土当时心情的真实写照。

郑华土有些认命了，他进入了油漆工的行列。因为有画画的功底，他很快在这个天地里成了一把好手：别人不会画的，他能画；别人画不好的，他画得好；别人要画好几天的，他基本上一天搞定。于是，方圆几十里，郑华土的名气越来越大，钞票赚得越来越多，一个月能够有三四百元。要知道，在当时，城里的大学生一个月才 52 元，乡干部也只有 40 多元。这期间，郑华土做过乡里的土地管理员，也到城里的衢州市人民印刷厂做过商标设计员，前者一个月 45 元，后者高一些，有 158 元。但他还是嫌工资太低:“连一双皮鞋都买不起，还有香烟钱也不够！在村里，买手表、缝纫机、自行车、四人沙发、高低床，戴金戒指，我都是第一个！”所以，郑华土还是回到他的老本行，做油漆师傅，一直做到 1990 年，年纪大了做不动为止。

郑华土的豁达在于，尽管生活不公、不如意，但他会看淡一些，重新规划、安排好自己的人生，该赚钱的时候赚钱，该享受的时候享受，该追求自己的梦想就义无反顾地去追。

2003 年，他重新拾起了画笔，把青春的梦想，加上几十年做油漆的功夫，都倾泻到了画板上。

毛老虎的故事

毛老虎住在航埠镇毛村，与沟溪乡余东村是贴隔壁。

毛老虎在 1950 年虎年正月初一的寅时出生，哭声特别响亮，因此得名“毛老虎”。他有一个在当地人看来比较显赫的家庭，却经历了“虎落平阳”的不堪童年。

毛老虎的太公毛朝钰是清代的“拔贡”。在清代，由各省学政选拔品行兼优的生员，贡入京师，这批生员称为拔贡生，简称“拔贡”。朝廷考试合格后，入选的“拔贡”一等者任七品京官，二等者任知县，三等者任教职。毛老虎的太公当时任的是教职，并且写得一手好书法。

这一手好书法，遗传给了毛太公的大孙子，也就是毛老虎的大伯。大伯的书法怎么好，毛老虎心中是有数的，当年毛家祠堂门面的题字，就是大伯写的，苍劲有力，气象博大，在幼小的毛老虎心里，烙下的是敬佩的印记。

毛太公的小孙子，也就是毛老虎的父亲，则没有继承那一手好书法，而是投笔从戎。他有着一米八的个头，作战非常勇猛，因为战功，很快就当上了连长。1939 年 9 月，父亲参加了第一次“长沙会战”，狠狠打击了进犯的日本军队，但父亲所在的部队损失也非常严重，几乎全军覆没，父亲和一位山东籍的机枪手杀出了重围。部队番号没了，只能回到老家，在家乡做一点小生意，维持生计，但严酷的战争让身负战伤的父亲落下终身的“烂脚病”。1951 年，父亲因故不幸去世，留下了刚刚一岁的毛老虎和一个“没落地主”的家庭成分。

毛老虎兄弟六人，母亲虽然有一双灵巧的手，会剪纸、刺绣、做衣服，但还是拗不过六张大大小小要吃饭的口，独木难支，生活的艰难可想而知，无奈之下，只能把老三、老四、老五送给他人收养。毛老虎排行最小，是被大自己十八岁的兄长抚养长大的，正应了那句老话“长兄如父”，这位如父的长兄对幼弟是关爱有加，着力培养，希望他日后能出人头地，光宗耀祖。毛老虎也对兄长格外尊敬，学习特别用功。

毛老虎自幼聪明过人，聪明到什么程度？7 岁的时候，他想学二胡，但是买不起啊，小小年纪的毛老虎就自己做，他砍来毛竹，剥下青蛙皮，用缝衣服的生线做琴弦，琴弓本来想用马尾巴来做，但是差一点被那匹马踢到，所以不敢再去拔了，改用棕榈树的棕丝来做。说起这段往事，毛老虎的神情有一种少年般的得意，当他找来那个简陋的二胡，放在我们面前时，我们都惊呆于这个 7 岁稚儿的作品。“这个蒙皮已经换过了，后来打死了一条蛇，就改用蛇皮了。”毛老虎的神情更加得意了。

如此的聪明伶俐，再加上身上携带着家族强大的文化基因，毛老虎在学校的学习成绩一直都是名列前茅，是一棵值得栽培的好苗子。可是命运弄人，1966 年快初中毕业时碰上了非常时期，他这个“地主小崽子”，被学校开除了学籍，戴上了高帽子，绑到大街上游街示众。

辍学回家后，长兄觉得他太可惜了。长兄粗通文墨，深知“良田千顷，不及一艺在身”的道理，就让他去学门手艺，以后好在社会上立足，靠自己的本事养活自己。毛老虎选择的手艺就是：做油漆工。

在给做油漆师傅的表哥打下手没多久，毛老虎就熟练地掌握了油漆技术。20 世纪七八十年代的农村，家家都要做家具、上油漆。手艺差点的油漆师傅，只会简简单单地上漆，总让人感到缺点什么；稍好一点的油漆师傅，会在漆器上撇几笔兰草、毛竹，这等于是锦上添花。毛老虎觉得，简单地刷刷涂涂，虽然有口饭吃，但没有多大的意思，油漆工要做得好，就必须会画画，而且一定要懂色彩。

于是，他专门跑到县城的新华书店，买来了油画、国画、水彩、素描、速写方面的一大摞书籍，特别是一本《油画的基础知识》，更是反反复复地看，都快要翻烂了，专门学习油画的色彩，研究怎么调色效果最好。这样一来，他做油漆做得可欢了，在他看来，每次做油漆，都是在作画，都是在调整色彩的浓淡搭配，掌握图像的比例关系。许多时候，别的油漆工画不好的地方，都请他去画，毛老虎从来不推辞，也不问钱多钱少，反而觉得都是练手的好机会。在旁人看来，再苦、再累、再烦的事情，这个小伙子都是认真、仔细、耐心地在做，从来没有什么怨言，非常靠谱，给工钱也就大方、痛快。

毛老虎装油漆罐的担子上，还会挂一本速写本，不做工的时候，他就拿下来随时写生。白天，特别是中午时分，别的油漆师傅都在呼呼大睡，毛老虎就速写周围看到的景色，比如田野风光、瓜果蔬菜、鸡鸭牛羊等等；到了晚上，他就给一些老人家画素描像，雇主全家都很高兴。借这样的机会，他不断提高了自己的造型能力。今天我们看到，毛老虎的绘画，比例、线条、造型、色彩都比较强，都是在那个时候打下的坚实基础。

因为平时对民间文艺涉猎得多，毛老虎油漆图案的内容也品类繁多，山水、人物、花鸟都会，还可以根据每人的喜好点题，文人爱好的“喜鹊登梅”“梅兰竹菊”，历史题材的“桃园结义”“八仙过海”，祥瑞题材的“鸳鸯戏水”“百年好合”“鱼跃龙门”“早（枣）生贵（桂）子”“事事（柿柿）如意”，等等，都根据不同客户的需要，活灵活现、生动鲜活地画在了家具上。

这样一来，他的手艺自然就更受欢迎，东至下张，西至常山，南至江山四都，北至石梁、九华，一个衢县有半个县都知道他的手艺了得。他带了众多的徒弟，生意好得不得了，预约他来做油漆的，往往要排队等到数月后。而他又以家具作画布，如鱼得水，随意挥写，越画越精，越画越好，越画越宽。

岂止是绘画，在雕花、根雕、塑佛像上，毛老虎也很有一套。比如大床雕花，镂空雕的难度最大，必须用线锯来做，浮雕的难度稍微好一点，但圆锥、扁锥、方锥和尖锥，一个都不能少，还有阴刻、阳刻等各般武艺全得上。又比如塑佛像，一些师傅塑好以后会出现问题，特别是鼻子两旁会坍陷进去，毛老虎就仔细研究，终于琢磨出了自己的一套方法：先是按照一定的比例，在木头桩上做好造型；再是用水泥、黄泥、稻草纸做成毛坯；第三步是用熬过的桐油，加上石灰做外形；最后是上颜色，描上金。这些方法，用在雨霖山、白云山寺庙的塑像上，非常成功。

说到熬桐油，也可以看到毛老虎的钻研能力。从皂子树里可以提炼出清油，清油一般可以涂在灯笼上，以前做狗皮膏药，用的也是清油，但清油拉不出“丝”，做油漆效果不好。毛老虎就改从桐树里面熬出明油，一开始也拉不出“丝”，他就到处想办法，最后从中医书上得到了启示，以“滴水成珠”之法取得了成功，看着咖啡色的明油可以拉出一米多长的油丝来，毛老虎的心里不知道有多高兴。

就在余东农民画家余统德、郑根良、郑华土他们开始发力创作的时候，毛老虎还在继续做他的油漆师傅的营生。他不是不知道农民画培训班开办的情况，只是碍于他的“没落地主”的身份，而无缘成为那个时代农民宣传队的一员。

对于毛老虎来说，生活的苦难还没有结束。

20 世纪 90 年代中期的一天晚上，毛老虎从衢州城歇工，骑着自行车飞奔回家，在一个下坡路段，借着昏暗的夜色，他看见远处有一位外出守夜的农民，等到两人交会时，毛老虎只往边上稍稍避开了些，没想到对方是用锄头横挑的被子，避开了人，却没来得及避开锄头，加上自行车下坡的速度又快，“咣”的一声，他满脸是血地倒在路边草丛中。不幸中的万幸，只是鼻槽和手被锄头碰伤了，他抓了一把黄泥敷在脸上、手上止血，爬起来拍了身上的泥土，跨上自行车就回家了。

此后好几个月，毛老虎都不能外出干活了，只能是徒弟出工替他干活，一些排队的客户知道后，也就不再请他了，生意由此慢慢差了许多，加上家具制作慢慢工厂化了，还有塑料制品冲击市场，油漆、雕花、篾匠、箍桶等行业几乎一夜之间进入了冬天。

年近半百的毛老虎，又得重新学种田。田地稀少，橘子又种得晚，看着一批批富起来的乡亲们，毛老虎坐不住了。村子里很多人靠贩橘子起家，有朋友邀他一起去，毛老虎说干就干，租了卡车贩橘子。因为下家的资源不丰富，无法准确地对接市场，毛老虎贩橘子的时间要比别人长，这样一耽搁，橘子容易烂，亏损的风险就大了。贩了没多久，有一天回来的路上，又出了车祸，汽车翻到了溪沟里，幸好人没事，但修车的钱花了不少。

贩橘子的生意“黄”了以后，毛老虎就去另外找门路。开化县盛产木头，而大城市正在大搞基础建设，木材的市场需求非常大，看

余东农民画家毛老虎

来木头生意应该会不错。于是，他在开化山里订了一批松木段，与杭州方面做好对接，又靠运输公司的朋友帮助，安排好了汽车，按照测算是可以大赚一笔的。但是人算不如天算，从来没有发生过汽油短缺的那年居然闹起了油荒，运输公司的汽车大部分都趴窝了，预计一个星期运完的木料，足足花了一个月时间才运到，生意被他人抢了去不说，自己还要违约赔款。毛老虎不但没挣到钱，反而白白赔了5000块钱。那个时候这个数目可是一笔大钱了，而且大部分是从银行贷的款，又要背负高额的利息。最后，是靠320国道线扩建，被征用了土地，毛老虎才填补了亏空。于是毛老虎感到，还是安心地画画最好。

在毛老虎那里，苦难是一把雕刻刀，一刀一刀地雕刻下去，让毛老虎尝到了生活的痛楚；也因为苦难的雕刻，毛老虎的人生因此被镌刻成一幅凹凸不平、立体丰满的精彩版画。

第二章

坚实的成长足迹

播种者

前面说到，郑根良画完《飞机治虫》的草图之后，又卷起了另外一张《乡村风貌》，拉上好友余统德，兴冲冲地跑到了衢县文化馆，向馆里的老师林国镇、毛翔先请教，希望他们能够指点一二。在郑根良、余统德他们看来，这两位老师是最有亲和力的。

其实最早深入余东村，发现郑根良、余统德的，除了当时的衢县文化馆美术摄影组组长林国镇外，还有柳志文。

柳志文当时是衢县政工组宣传干事，也就是今天宣传部的一名干部，平时喜欢写写画画，和许多画家、作家交朋友。他在下乡的时候，发现了余东生产队里有这么一批喜欢画画的农民业余作者。1972年，柳志文带着毛翔先第一次到了余东村，见到了郑根良。那个时候，衢县所在的金华地区想学习陕西户县，把本地的农民画创作抓起来，他们两人下乡，就想看看基层有没有什么画画的好苗子。

从余东村回来以后，因为县文化馆都在忙着搞泥塑《收租院》的展览，实在顾不过来，于是 1972 年底，金华地区文化局副局长章寿松、金华地区文化局美术干部孙韬成就把毛翔先从衢县新华印刷厂调到了衢县文化馆，从事专业美术工作，当务之急是要学习户县农民画，搞出浙西自己的农民画来。

今天回头看借调毛翔先这件事，确实是做对了。毛翔先 1941 年出生，1959 年考进浙江美术学院附属中学，1963 年如愿考入了浙江美术学院，专攻版画，是正宗的美术学院科班生，美术基础没话说，只是生不逢时，1968 年毕业之时，只能屈就衢县新华印刷厂，担任美工。

所以，一个颇具才华且热爱美术事业的年轻人，终于结束了在艺术圈外的漂泊，重新回到自己的专业领域，他的心情十分振奋，工作干劲也有了极大的发挥！

在郑根良、余统德找上门来的时候，毛翔先已经调研了好几个地方。比如，衢县后溪乡有一拨人，里面最有前途的是胡建国，后来他被调到衢县婺剧团做美工，专门画布景；又比如，龙游县石佛乡也有几个年轻人干劲冲天，其中罗宜祉、叶大林的作品都很有灵性，毛翔先对他们比较看好。

于是，在当年 9 月，衢县文化馆借衢州师范学校的“宝地”，组织了为期 7 天的“衢县美术创作加工学习班”，当时参加的有 24 人，都是衢县比较活跃且有实力的业余美术作者，余东大队的余统德、郑根良，五十都大队的郑华土分别带上了作品《评奖》《第一秋》和《教育新貌》一同参加。

在这一期学习班里，还有几位回乡知识青年，他们也很有美术潜力。

第一位是廿里公社塘底大队的知青李刚，他带来的《其乐无穷》让参加学习的作者们都点头称道。1977 年恢复高考，李刚是衢县第一个考上浙江美术学院的大学生，让罗剑华这些日后也成为著名画家的小伙伴，都视他为人生的楷模。目前李刚虽然定居在澳大利亚，但和家乡还保持着频繁的联系。

第二位是横路公社贺邵溪大队的知青张伟民，他是带着作品《新春》参加学习班的。他后来考上了衢州师范学校，继续学习美术，因为成绩优异，毕业后留校任教，再后来担任衢州二中的美术老师，为衢州培养了不少优秀的美术人才，退休以后，张伟民还在余东村奔忙，为农民画的创作进行辅导和指点。

知青中的第三位佼佼者，是航埠公社碗窑大队的方明，她带着作品《金色的道路》参加了学习班。方明后来也考进了金华师范学校，在金华教师进修学校做了一辈子的美术老师。

毛翔先在授课的时候，最先要让学员们知道的是图画对社会发展的作用和贡献。70多岁的郑根良，至今都还记得50年前毛翔先在学习班侃侃而谈的一副副场景。

比如讲到什么是构思，毛翔先讲了一个故事。宋代最早的皇家画院在宋徽宗赵佶手中得到了发扬光大，他建立考试制度，亲自出题、批卷。有一年他出的题目是“深山藏古寺”，这首诗是这样写的：“登临古寺前，小草何芊芊。云雾山间绕，孤峰耸碧天。野花红烂漫，茫茫树生烟。日落余晖后，声声响杜鹃。”如何来表现这个意蕴呢？参赛的人有的画了雄伟的庙宇，高耸入云；有的画了茂盛的密林，在上部露出一个殿角；有的只在密林深处，画了一个若隐若现的旗杆。对于这样的表现方式，考官们都不满意。这时，他们发现有这样一幅画：巍峨的崇山峻岭，山间流水飞溅，顺流而下，山脚有一池塘，又有两个和尚抬着一桶水。画面虽然没有庙的身影，但读者一览便知，把“藏”的意境，生动地表现出来了。“这就是绘画的构思啊！”郑根良感慨地说，“说真的，老师讲的那些美术专业名词，我都是第一次听到的！他们的讲课深入浅出，有比喻、有故事，我们特别爱听，也特别听得懂。”

就在这个学习班上，郑根良第一次听到绘画会对社会产生巨大作用。第二次世界大战初期，德国法西斯闪电战入侵苏联，这时有两张宣传画令人震撼。一张是老太太抱着一个小孩，对着德军的屠刀，喊着："红军叔叔救救我！"另一张是一位苏联青年用手指着观者："你参加红军了吗？"出现在苏联村庄、城镇、街头巷尾的这两张画，仿佛是干柴上的一团火，一下子点燃了热血男儿的激情，他们纷纷报名参加红军，浩浩荡荡开往反法西斯最前线浴血奋战。"一幅打动人心的绘画，有的时候真像射向敌人的一颗子弹！"这个故事深深地震撼了郑根良。

这一期"衢县美术创作加工学习班"的直接成果就是，在当年举行的"衢县一九七三年美术、摄影展览"上，余统德、郑根良合作的国画《衢江两岸橘子红》，郑华土创作的年画《小木工》都入选了，同时展出的还有毛翔先的《北京来的喜讯》《第一代》，刘津朱（曾用名刘金珠）的《山乡文化播种人》《山乡有潜力》《自己动手》，梅谷民的《人物速写》（三幅）。现在回头看，这个展览和"衢县美术创作加工学习班"，是对衢县美术创作能力的一次大检阅，也是衢县业余美术作者队伍的一次大集结。

后来，在为纪念毛主席《在延安文艺座谈会上的讲话》发表三十周年而进行的创作活动中，浙江有 8 幅作品入选全国展览，其中有 3 幅是余东村农民提供的创作素材，分别是《丰收运动会》《初春的早晨》和《果园大夫》。余东村这样的专业实力和不俗表现，令毛翔先刮目相看，因此，他下定了要去余东村办培训班的决心。

"兵马未动，粮草先行。"办培训班要吃、住、行，要买颜料和画纸，还要给学员发误工补贴，这些钱从哪里来呢？

毛翔先首先跑到衢县文化馆申请补贴，拿到了 200 元，但是还不够，他又跑到了省城杭州，向浙江省美术家协会和曾经的老师求援，得到了当时的省美协秘书长朱琦的大力支持，也给了200元。要知道，以当时的物价，一角钱就可以吃上一顿饱饭，这到手的400元办班经费，在毛翔先他们看来绝对是一笔巨款！

1974年6月，林国镇、毛翔先就带着铺盖进驻沟溪乡余东村，举办“沟溪乡农民文化业余美术创作学习班”。在余东农民画家们看来，这仿佛是为他们专门“定制”的一个学习班，就像满是荒草的秋天原野上，被扔进了一个火星，艺术的野火迅速在农民中燃烧起来。从他们珍藏了将近50年，已经发黄并且有些破散的学习资料看，学习班农民画作者有7人，分别是余东村的余统德、郑根良，五十都村的郑华土、谭兆勤，斗目垅村的谢诗久，高塘村的张耕良和直坞村的张志高。

培训班放在郑根良家，老师们给这7位农民画作者讲构图、讲色彩、讲创意。到了晚上，林国镇、毛翔先两位老师就被请到余统德家去落脚休息，余统德还把刚刚打好的结婚大床让给了他们。

开始，林老师、毛老师说什么也不同意，要另觅住处，但余统德不肯。“你们城里的老师到乡下来，已经够辛苦的了，怎么好意思让你们睡不好觉呢？”“再说呢，你老师睡在我这里，那是给我增光添彩了，求都求不来呢！”余统德硬生生地拖住了两位老师，林国镇、毛翔先就在他家里住了整整一个星期。

按照当时干部下乡的规定，每天每人要付四角六分的伙食费，余统德的母亲就在林老师他们离开的时候，把伙食费照单收下了。余统德后来才知道此事，这位平时十分孝顺的儿子与母亲大吵一架，气急之下差点撕掉一张一元的钞票。“真的是气死了！老师教给我们的那些知识和技巧，是多少钱也买不来的，我感激都来不及，怎么可以收他们的钱呢？”朴实的余统德就是以这样的淳朴态度，来表达他的一片感恩之情。

余统德的感激真的是发乎内心的，因为就在这一期的培训班上，他的《丰收运动会》在老师的指导下，做了很多的艺术加工，构图和风格逐渐成熟，在此基础上，余统德、毛翔先、林国镇共同完成了最后的创作稿。三年之后的1977年，在由浙江省文化局、浙江展览馆主办的“浙江省美术作品展览”上，《丰收运动会》，郑根良、季阳的《橘乡传喜讯》，郑华土、毛翔先、沈高仁的《初春的早晨》一起入选了展览。展览结束后，《丰收运动会》还被浙江人民出版社印刷成了年画，这幅作品因此成了余统德以及余东农民画创作的代表作。

就在这一期培训班上，郑根良创作的《靶场上》草图也得到了毛翔先、柳志文、刘津朱等老师们的注意，经过他们的悉心指导，作品当年就入选“浙江省暨杭州市美术摄影作品展”。第二年，也就是1975年,《靶场上》发表在了当时全省最权威的美术杂志《工农兵画报》第三期封三上，这让郑根良高兴得一宿都没有睡好。

今天看来，这两期培训班与其说是系统学习，倒不如说是“作品加工会”。从农民画以后的发展实践看，“以培带学”“以评带培”的教学方法，对于提高农民画家的创作能力卓有成效。

农民画的老师们

为了把农民画学习班办好，林国镇、毛翔先请来了当时在衢州美术教育界颇有名气的几位老师，其中有衢州师范学校的许铁铮、县新华书店的季志耀等，这些老师美术理论功底好，又有创作的实践经验，他们从每一位学员作品的实际情况出发，肯定优点，指出不足。更让人受用的是，他们毫无保留地提供给学员许多原始创意，还帮助这些业余作者修改提升。

“老师们教得很仔细啊！”当年的培训还历历在目，郑根良说，“怎么构思，怎么构图，怎么上色，怎么让画面显得饱和完美，怎么把人物、花鸟画得生动有神，怎么提炼作品的中心思想和艺术意趣，老师们都是手把手地教。他们还拿来了陕西户县的农民画，鼓励我们说，户县的农民兄弟们能够画得好，你们余东村的农民也一定行！”

也就是从这个时候起，城关镇红旗小学的刘津朱与余东村的“画缘”延续了整整 50 多年。刘津朱 1958 年到 1962 年在浙江美术学院附中读书，毕业后，到了衢县城关镇的红旗小学担任美术老师，同时给当地一些样板戏画布景。刘津朱讲课一如她待人：亲切和蔼、柔中有刚，娓娓道来的专业知识深入浅出、通俗易懂，农民画家们都爱听。

刘津朱和毛翔先都采取了“以创带教”的培训方式，他们不是满堂灌，把知识点搞得高深莫测，而是非常接地气，农民画家在创作上有什么问题，他们就会暂时停下讲课，从专业的道理上来讲解如何解决问题。他们强调的是老师跟着学生走，因势利导辅导学生创作，慢慢形成他们自己的风格，而不是学生跟着老师走，越俎代庖，形成千篇一律的景象。这种对症下药的教学让农民画家很受用，毛翔先回忆说：“我给他们每人一个礼拜去想题材和构图，小构图画十张到二十张，实在构不出来我帮他们启发一下，让他们自己去造型，我不代替他们。所以他们一开始就是从创作入手的，这是以前美院的教学方法，就是以创作为中心，以创作带动基本练习。”

作为一位女教师，刘津朱观察学生和观察作品一样细心，在她看来，几位农民画学员各有各的特点：余统德创作用功，观察生活细致；郑根良比较成熟，思考能力较强；郑华土风格稳定，基本功夫不错；兰根良构图虽然有些不足，但在画面的色彩处理上，整体把握能力较好；毛老虎很有天分，有着自己的理解和表现力。有了这些基本评估之后，刘津朱注意在教学上因势利导，以他们个性发展为先导，强化他们的优势，弥补一些劣势，使他们的作品慢慢地成熟起来。

这里插上一段朱利民的故事，就可以知道刘津朱怎么教学有方。在浙江画坛，朱利民的绘画颇有成就：2009 年，作品《攀》先后荣获“第六届浙江体育美展”银奖、“第七届中国体育美展”优秀奖；2010 年，作品《太阳风》荣获亚运当代艺术杰出奖；2017 年，作品《加油加油》又入选“第九届中国体育美展”。

朱利民读小学的时候，刘津朱是他的美术老师。第一次上图画课，他画了灯泡和灯罩，刘老师马上就在全班表扬，还贴在班级墙报上展览；三年级的时候，朱利民画了北京天安门和彩球，这次是被刘老师拿到了学校的橱窗里，向全校进行了展览。这些鼓励让小利民信心大增，在绘画的道路上越走越远。

到了 15 岁的时候，朱利民在父亲朋友的牵线下，又拜毛翔先为师。因此他很早就知道，附近乡下有个“余东农民画”。如今，朱利民已年近花甲，他把自己的家从衢州搬到了余东村，成了一位“新乡人”，他接过毛翔先、刘津朱的指导接力棒，在“建党百年”等主题画展中，兢兢业业地辅导、提升余东农民画。

这里还有一段小插曲，当年毛翔先在衢县新华印刷厂担任美工时，车间主任罗金泉有一个聪明伶俐的儿子，毛翔先因此成了这小男孩的美术启蒙老师，后来，小男孩在他的辅导下，绘画才能逐渐显露，最后成长为一名全国闻名的美术家，曾经荣获过浙江美术奖。现在，当年的小男孩也扎根到了余东村，接过了毛翔先的“接力棒”，为余东农民画的发展做了许多实实在在的工作。这个小男孩就是罗剑华。

与当年毛翔先、刘津朱相同的是，罗剑华、朱利民等一批“新乡人”艺术家入驻余东村，在指导农民画创作时，已经不是入乡随俗，而是通过嫁接新的艺术力量，来努力推动甚至改变余东村农民画的题材、风格和格局。

言归正传。借着 1974 年余东村举办“农民业余美术创作学习班”的东风，1975 年和 1976 年，衢县文化馆在余东村又接连举办两期“农民业余美术创作学习班”。连续三期的创作学习班，为余东村农民画健康、持久地发展打下了良好的基础。

梅谷民是在余东第 3 次办班的时候，也就是 1976 年，来到村里的。当时，他刚从浙江美术学院毕业回到家乡，分配到了衢县文化馆。其实梅谷民人还没有到村里，余东农民画家们就已经打听了他的底细：这个梅老师了不得，还在学校读书的时候，国画《毕业归来》就发表在《工农兵画报》上了。

梅谷民来到余东的时候，还带着妻子魏荷芳，他们同为浙江美术学院高才生，因同班而相识，因同好而相爱，因同心而一起回到了梅谷民的家乡——那时还是属于浙江偏远地区的衢州——一起工作。所以，当这对被衢州文化界羡慕的恩爱夫妻意气风发地来到当时非常不发达的余东村时，大家第一个感觉：这就是爱情的力量！一些想象力更加丰富的小年轻们，还会联想到当时一部很美好的苏联电影：《乡村女教师》！

梅谷民、魏荷芳夫妻的科班气息更加浓重，他们的到来，给余东村画家带来了一些新鲜的空气，他们更加注重一些美术院校的基础知识。比如：在教他们绘画技法的时候，融入了中国画的技巧；在讲绘画理论的时候，梅谷民会讲得更加专业、更有深度；与此同时，他们还指导余东农民画家要更加注意观察生活，不断提高他们的造型能力。

因此这一期的培训班让学员在基础知识、绘画理论和技法上，学习得更多，视野也慢慢地开阔起来。梅谷民夫妻很好地激发了学员对文化的热情。

培训班结束之后，梅谷民还组织学员创作起了漫画，余统德、郑根良、郑华土、兰根良、谢诗久 5 人在那个年代创作的“批林批孔”系列漫画，被拿到沟溪公社 21 个村作了一个特别的巡回展。每到一村，老百姓都觉得这种形式特别新鲜，男女老少都会围过来看；看到有趣的，村民们还会放声大笑，这样的现场氛围又反过来感染了画家，让余统德、郑根良他们感到自己的创作多么有价值，同时也体会到被老百姓认可的那份喜悦。

在余东农民画家慢慢成长的岁月里，许多老师对他们倾注了心血。郑华土至今还记得，1976 年他到金华双龙洞招待所，参加浙江省文化局召开的重点美术作品加工会。那次，他恰好和祝富荣同居一室，祝老师擅长套色版画，在浙西一带绝对是权威，后来成了衢州美协主席、衢州书画院院长。无论白天还是晚上，他对郑华土都是有问必答，还把作品应该如何构思、版画应该怎样做得更好等等方法，都毫无保留地传授给了郑华土，这对郑华土创作《初春的早晨》很有帮助。

这幅日后成为郑华土代表作的版画，一共刻了四块木板。除了祝富荣给了许多指点外，在一些技巧非常复杂的地方，沈高仁亲自操刀帮助雕刻；董达荣对头部，特别是眼睛部分也做了艺术处理；毛翔先则来来回回做了许多组织创作的工作。“我真的是很幸运啊！刚刚出道，就有好几个教授级别的老师，给了我许许多多具体的辅导和建议。”郑华土说起这些老师，至今还是充满着感激之情。

研究余东农民画的青年学者罗辛予分析到，“从创作意图的角度说，辅导老师一定程度上在政治话语和民间话语之间创造了有效的缓冲地带。知识分子的调节和把关是余东农民画塑造过程中的黏合剂，亦是整个互动秩序得以成立的关键”。老师们的全力支持和无私帮助，使余东农民画的健康发展有了良好的基础。

以“户县农民画”为师

考察余东农民画的成长轨迹，需要放在中国农民画健康发展的背景中。

中国农民画自 20 世纪 50 年代兴起、普及，70 年代之后走向深入，涌现出以陕西户县农民为代表的、组织有序的创作群体，其创作出的美术作品，具有浓郁的生活气息，生动的审美特质，自然的创作状态，对各地农村文化建设起到了强力推进作用，引起了全社会的关注。

户县农民画起源于民俗绘画，是在陕西关中地区的剪纸、壁画、年画、刺绣等民间艺术的基础上衍变而来的，又与当地的戏剧、民间社火、龙灯等民间艺术一脉相承。从户县出土的古老石器、彩陶、青铜器中，也多少能够窥见这种古老绘画艺术的踪影。

户县解放后，许多翻身的劳苦农民上冬学、进夜校，读书识字学文化，并在窗户上贴上剪纸“喜上眉梢”“吉庆有余”，在衣帽、荷包上绣五角星，在墙上画红太阳。这些群众自发的美术活动，引起了当地文化馆的重视，他们随即于 1951 年成立了“户县文艺中心领导小组”，把群众中各方面的文艺人才都吸收进来，开展有组织的新文化活动。最初有 10 多名农村美术爱好者和曾经的绘画艺人，参加了这个中心组下设的美术组，开始配合当地政府的中心工作，搞小型美术展览。1951 年，农民皮影艺人王凤山刻制的皮影戏《兄妹开荒》人物图像，入选了由县文化馆举办的展览，他本人还作为美术代表，参加了咸阳地区的文学艺术工作者代表大会。

到了 1958 年，在当时"大跃进"和人民公社化运动的政治气氛影响下，尤其是在当时新民歌运动的催化下，户县农民画得到了快速发展。当时，甘峪口集中了数千民工修建甘峪水库，太平口集中了上千民工大炼钢铁。西安美术学院教师陈士衡和户县文化馆馆长谢志安及其他美术干部，组织了一些爱好美术的农民在工地办训练班，半天参加劳动，半天学习绘画基本知识。学员用初步掌握的绘画技巧，宣传工地上英雄模范的先进事迹，以及甘峪水库建成后的美好景象。他们的这一活动，得到了当地党委的肯定和支持。

此后，县文化馆因人、因地、因时制宜，陆续举办了一些培训班、改稿会，组织农民画家办起了黑板报和展览，到村庄画起了主题壁画。当时在户县，农民创作的积极性非常高，真可谓是：城乡户户五颜六色，村村落落壁画满墙，一街两行天然画廊，景象壮观激情高涨。在创作实践中，这些农民画家得到了锻炼，绘画水平有了很快的提高，一些优秀作品分别在《陕西日报》《陕西农民报》《户县报》上得以发表，户县农民画声名鹊起。

户县农民画基本采用写实手法，画风淳朴生动，画面里的人物、动物、植物构图简洁饱满，想象大胆丰富，色彩以夸张的大红大绿为主，视觉效果强烈。这些出自普通农民之手、以农村生活为题材，并充满朴素美感的画作，一推出就受到美术界的关注。西安美院教授、著名美术理论家程征曾这样评价早期的户县农民画："它具有原始艺术的粗犷浪漫，民间艺术的朴拙自由，以及漫画的幽默夸张，充分体现了当时农民的朴素情感和愿望，具有很高的审美价值。”

1973 年 10 月，“户县农民画展”与“全国连环画、中国画展”同时在中国美术馆展出，好评如潮；随后，140 幅户县农民画先后在哈尔滨、合肥、上海、南宁、昆明、乌鲁木齐、太原、西安等 8 座城市巡回展出，历时 8 个月，引起了巨大的轰动。

1974 年，中央新闻电影制片厂又斥巨资，拍摄了专题纪录片《户县农民绘新天》；同年 4 月，邮电部发行《户县农民画》一套 6 枚特种邮票，每枚发行 1500 万枚，6 枚总计达到惊人的 9000 万枚！至于同期被作为年画在全国出版的户县农民画，其发行数目已经无法准确地统计。

当然，在户县农民画之前，以河北束鹿、江苏邳州为代表的农村壁画运动也在全国如火如荼地开展。其以自己的生活、农村的变化为题材，改变了农村画一直以来局限于“福禄寿喜”“龙凤麒麟”“多生贵子”等传统题材的审美情趣，具有积极向上的指引意义，但其声势远不及户县农民画。

在户县农民画的影响下，全国有数以千计的地、县开展了农民画活动，大大推动了方兴未艾的中国农民画的发展，也带动了浙江农民画活动的开展。宁波地区文化局从学习户县农民画入手，对 1958 年就已经颇具影响的象山农民画家高妙兰和其他农民画家的创作加大了关注力度，同时在全宁波开展农民画活动，培养了一大批农民画新作者，并产生大量的农民画新作品。1976 年，浙江人民出版社专门为宁波地区出版了一部《农民画选集》。对此，有专家称之为“浙江农民画的复兴”。

就是在这样的背景之下，金华地区和衢县（当时还隶属于金华）有了“比、学、赶、超”的干劲，想再造一个金华乃至浙江版的“户县农民画”。

政治大环境影响中的户县农民画，其主题思想政治性较强，构图追求“高、大、全”，在“画记忆、画现实、画理想”的朴素创作思想指导下，农民画作者以自身的民间美术积淀，画出了有情节，有场景，反映农民生产生活、思想感情和理想追求的中国乡村历史画卷。

毛翔先在辅导余东农民画家时，坚持这个大方向不变，但在具体过程中实事求是，对有民俗绘画基础的余统德、郑根良、郑华土等人，引导他们转向写实，在描绘农民自身生活时，做好现实主义和浪漫主义的结合。同时，从每一个人的特点出发，因人制宜地引导他们以朴实的绘画语言，详尽记录农村劳动的壮观场面；以丰富的热烈色彩，生动描绘农村生活的节庆场景；以巧妙的奇幻构图，精心再现绚丽多彩的民风民俗，从而大大增加了余东农民画表现内容的时代性、本土性和丰富性。另外，在艺术表现手法上，以单线平涂为主，追求构图饱满，人物造型纯朴稚拙，表现形式浪漫夸张。水粉画讲究色彩艳丽和谐，中国画强调意境和笔墨韵味，版画则注重线条简洁、版味浓郁。慢慢地，余东农民画最初的艺术特征形成了。

潮起潮落，全国范围狂飙突进的农民画运动，随着时间的推移，暂时有了一些歇息。1966 年之后的非常时期对“农民画”进行了过度阐释，在一定程度上也消弭了农民画作为艺术的主体意义。

在这样的背景下，不断有人搁下画笔，也不断有人加入队伍，更有大量作者始终不离不弃，仍有一些地方以热情和坚韧，继续着这份农民画的事业，由此慢慢沉淀出一批具有自主创作意识的艺术家，农民画创作已经成为他们一辈子乐此不疲的精神生活。余东农民画就是这样。

坚守与探求

作为农民画的实力画家，余统德、郑根良等人能不断参加地区、省级的美术培训班或加工会，进行集中的创作和修改活动，因此也能不断入围地区级甚至省级的展览。从 1977 年到 1985 年，金华双龙洞、杭州西湖边，都留下了他们学习的足迹。更高层次的讲课，更优秀老师的指导，终于让余东农民画家们的最初梦想开始发芽，开始抽枝，开始向着一个阳光更加灿烂的上空生长。

1977 年 7 月，衢县文化馆举办了为期 15 天的“县美术创作加工班”，余统德创作了《丰收运动会》《大批判》《大练武》，郑根良创作了《双庆祝》，郑华土创作了《双丰收》《初春的早晨》，谢诗久创作了《果园大夫》，这 7 幅作品后入选衢县文化馆举办的“纪念毛主席《在延安文艺座谈会上的讲话》发表三十五周年美术作品展”。

1978 年 2 月，衢县县委宣传部举办了为期 10 天的“县美术创作加工学习班”，余统德、郑根良、郑华土、谭兆勤等又受邀参加，余统德创作了《竹林交响曲》，郑根良创作了《大地回春》。

在余统德的创作生涯里，如果《丰收运动会》是他的成名作，那么《竹林交响曲》就是他走向艺术成熟的一幅重要作品。这是一幅描绘竹编场景的风情画，在茂竹修林里，一群勤快的农民正在快乐劳动

1976年6—7月在金华双龙洞招待所举办了“浙江省美术创作会议”，图为画家们的合影，其中，衢州画家有许铁铮、祝富荣、毛翔先、刘津朱、梅谷民、张伟民、李远力、郑根良、郑华土等。

中，他们有的用柴刀劈开竹筒，有的把毛竹拉成一条条的竹条，有的把身下的篾席抽得紧紧的，有的相互交流编织竹篮的技术，有的脚踩箩筐检查牢固度，还有的细细端详精致的工艺竹编，陶醉于自己的劳动成果中。这幅农民画是一幅长卷，以充满勃勃生机的翠竹来区隔画面，恰似五线谱上的分隔线，勤劳的农民活动其间，又仿佛是行进中的音符，在浙西的崇山峻岭里，奏响了礼赞劳动、颂扬人民的时代交响乐。1983年，这幅《竹林交响曲》入选了当时的省级画展，在由浙江省文化厅举办的“浙江省首届工人农民画展”中展出。

1979年，余统德的《计划生育好》、郑根良的《屋前屋后枇杷香》参加了“衢县美术作品展”，并刊登于当年《衢江文艺》的第四期；1983年，余统德的《竹林交响曲》、郑根良的《家家富》参加了“衢州市工人农民画展”，并刊登于当年《衢州文化》的第三期；1984年，郑根良的《摇钱树》参加了“衢州市美术书法作品展”；1985年，郑

余统德 竹林交响曲

根良的《上栋梁》参加了“衢州市新春书画展览”。

这些衢县和金华地区的美术展览活动，还有在报纸、刊物上以不同的篇幅陆续刊登的农民画作品，都让坚持创作的余东农民画家备感温暖，也很受鼓励，给了他们坚持下去的勇气和力量。

1978 年 12 月底，划时代意义的中国共产党十一届三中全会胜利召开，全党的工作重点和全国人民的注意力转移到社会主义现代化建设上来。农村改革率先得到了突破，以包产到户、包干到户为主要形式的家庭联产承包责任制在中国这块“希望的田野”上迅速展开。余东村也和中国千千万万个村庄一样，盼着越来越红火的好日子。

好日子和辛苦的汗水相伴相随。浙西山区的土地普遍贫瘠，“分田到户”的时候，余统德家分到的田地还有许多石块，这就意味着他必须要比别人付出更多的辛劳和汗水。仅仅是整理土地，他就花费了大量的精力；还要再施肥和养护，来增强田地的肥力；好不容易种上的水稻、蔬菜、柑橘等，必须精心照顾，马虎不得。余统德的女儿余红梅至今还记得，小时候爸爸妈妈经常会半夜里去“车水”（人踩水车，将水从一地输送至另一地），因为自家水田的地势不好，白天都被别人家“车”走了，只能是半夜里出来“车”。许多年过去了，余

余统德 农耕

郑根良 春·采茶

统德画了一幅作品《车水》，艺术地记录了他当年“车水”的情景，但作品里面已经是风淡云轻，所有劳作的辛苦都化成了一种精神上的满足。

因为航埠一带的良好土壤与水质，当地产的橘子成为浙江有名的水果，村里人就都开始种植橘子。许多人不仅自己种，还开始收购，包装好了销售出去。余统德是搞艺术的人，天生就具有丰富的想象力，再加上以前也跑过许多地方，他就和亲戚朋友们一起，加入农特产种植与销售大军之中，一时间，他的水果生意做得红红火火。

农田的辛劳和生存的压力，让余统德一门心思扑在农业生产上，手中的彩笔放下了，画画的欲望就像炉灶里面燃尽的火焰，慢慢地弱了下去。但如果有那么一捧柴木加进去，就会重新燃烧起来。

时间走到了 20 世纪 90 年代，那捧柴木来了。一天早上，余统德正要出门，忽然听到有人叫他：“余统德，有你的一封信！”“什么信？会有谁给我写信？”余统德有些纳闷，自己在外面没有什么亲戚朋友，应该没有人会给自己写信的。拆开一看，哦，原来是衢县文化馆汪雪蓉老师寄来的。

这个汪雪蓉是一个很有事业心的文化干部，在她的奔走之下，衢县美术家协会成立了。“这其中，应该有农民朋友的一席之地。”汪雪蓉这样想，于是遍访农民画家，郑根良告诉她，“有一个余统德，比我画得还要好，他的《丰收运动会》被印成了年画，全国发行”！汪雪蓉一听，大喜：“赶紧！赶紧！让他参与进来。”

郑根良找到余统德，没有想到余统德一口回绝：“画画是没有饭吃的，我还是出去做橘子、油漆生意吧。”郑根良好好地劝了三次，结果余统德还是无动于衷。汪雪蓉急了，“说什么也要把他拉进衢县美协来”，于是她就给余统德写了这封信，邀请余统德重新拿起画笔来搞创作。

其实，不是余统德摆架子，而是他心里实在没有底：毕竟已经七八年没拿画笔了，手感都生疏了，更主要的是，心静不下来，好像已经没有了画画的心情。但是，汪老师这般求贤若渴，又让余统德不好意思起来，思虑再三，他打算先创作一幅作品，试一试水。

画什么呢？刚刚好女儿女婿养殖了山羊，请他去帮忙放羊，看着羊群中千姿百态的羊，余统德灵光一现："那就画个百羊图吧。"主意一定，他白天优哉游哉地放着羊，仔仔细细地观察羊儿的一举一动，晚上就回家闭门画画。因为对农村的事物实在太熟悉不过了，没用多少时间，一幅鲜活的《百羊图》便画了出来。别人说他真是一个快手，余统德回答："哪里是什么快手啊？那些羊，早就在我心里活蹦乱跳了！"

这幅《百羊图》后来在衢州市天章阁展览馆展出，获得了全市绘画作品的二等奖。有位外地的书画收藏爱好者，看了爱不释手，一定要买下来，最终以800元的价格成交。800元啊，那在当时可是普通工人好几个月的工资了，这会给并不宽裕的家庭，还有等待买书的孩子，带来怎么样的快乐啊！当余统德把钱交给妻子余雪莲时，一种为夫为父的满足感在他心底油然而起，更重要的是，他在那个不眠之夜找到了久违的创作成就感。从此，余统德的创作就再也没有停止过。

从1985年开始到2003年前后，将近20年中，余东农民画一直处于缓慢的成长期。在这个阶段，有效的美术创作组织工作，因为各种各样的原因而减弱了推进的力度，有针对性的艺术创作指导，也因为老师的缺乏而得不到实质的落地，农民画活动渐渐以作者的自发状态为主，加上大多数农民画家生活压力较大，忙着养家糊口，这样一来，农民画家的坚守与探求就变得更加难能可贵。一方面，他们内心的艺术火焰没有熄灭，依然保持着旺盛的创作生命力，生生不息；另一方面，他们感到没有实质性的突破，无论在绘画主题还是绘画语言上，都在不断地重复着自己，也一直难成规模。这就让余统德、郑根良、郑华土们感到很困惑，甚至有些烦恼。余东农民画家的探索前行，仿佛是一幅沉默的油画，让我想到了《伏尔加河上的纤夫》。

就在这个时候，来了一个叫“郑利民”的人。

第三章

农民画的重整旗鼓

文化站站长郑利民

郑利民的职业和艺术是八竿子也打不着的，他自己也没有料到，一个天天和数字、账本打交道的乡财政总会计，日后会把余东村的农民画推向一个新的高潮。

浙西的常山江最初沿着凤凰山流动，就到了余东村旁边的航埠。这里是一个重要的航运码头，最初叫石塘，从北宋就开始出石灰，一直延续到了 20 世纪的 70 年代。

航埠旁边有一个大桥头，那里曾经有一个读书人叫郑辛。有一年参加乡试，突遇大火，他沉着冷静，坚持把试卷做完，因此成为美谈。不久他当了知县，因政绩卓著而被明皇帝赐予骑路石牌楼，曰“光奎”，这个石牌楼目前是衢州市的四级文物保护项目。这大概率就是郑利民祖先的故事了。

郑利民的父亲郑如土 1952 年就当了农业高级社的会计。到 1976 年，又开始担任大队的党支书，一直到 2000 年，当了将近四分之一世纪的党支书，因此在 2010 年他被衢州市授予“农业系统劳动模范”的称号。

郑利民 1959 年出生，1975 年从航埠中学毕业。在家闲着没有两年，1977 年被“农业学大寨县委工作队”借用，到航埠相邻的长泽街村第三生产队去当助理，白天与农民一起参加劳动，晚上要做好“农业学大寨”的许多工作。今天回头去看，这一段短短的经历，对于一个18岁的青年而言，是一场难得的生活历练，对他日后组织能力的培养与提高都有好处。

工作队到了当年底就结束工作，原地解散。此时的神州大地燃起了高考的热潮，郑利民马上返回航埠中学复读，准备高考。因为数理化的学习基础不好，考了两年还是没有考上，父亲说:“你离分数线还差几十分呢，别再考了，回家务农吧。”于是，1979年下半年，郑利民到航埠砖瓦厂去当了会计，开始了几十年的会计生涯。

1983年，衢州开始在当地进行机关事业单位的招聘考试，郑利民暗暗使足了劲做准备。到1985年，他终于考上了县财政局的乡镇财政总会计。这个工作的名头听起来很大，其实就是到航埠镇的家家户户去收缴农业税和特产税。郑利民在航埠一干就是15年。到2000年，他被调到沟溪乡担任乡财政总会计，这才与余东村有了联系。

一直以来，沟溪乡都没有设置文化站。2003年，衢县乡镇区划调整，衢县成了柯城区，新上任的乡党委叶书记看郑利民热爱艺术、做事踏实，还富有管理经验，就找他来谈话，要他出任文化站站长，“你本来就喜欢写写画画，你兼起来以后，沟溪乡的横幅、墙报就都有了着落，最主要的一点是，文化站的编制、经费就可以省下来，能够做更多的事情了”。

郑利民一想也对，早在1998年，他在给“‘我爱家乡’航埠书画展”帮忙的时候，就已经认识了余东村的余统德、郑根良他们，彼此也有一些朋友之间的交往，有事没事就要聚在一起交流、写生。平时，在收农业税的时候，只要看到农户家里挂在墙上的字画，他也总会忍不住地多待会儿，跟户主聊聊天。

郑利民　余东新貌

郑利民　生态家园

其实，在郑利民的心中，美术还真是他少年时的一个梦。在航埠中学读书时，受到美术老师的启蒙，又受到爱好美术的语文老师的鼓励，他喜爱上了画画，偷偷在课间临摹小人书，励志以后成为一个大画家。但梦想很丰满，现实很骨感，工作和生活还是第一位的，绘画最多只能作为一个爱好。每当夜深人静的时候，他时不时会拿起画笔，抒发心中的美好。有时工作很忙、很烦、很累，只要一拿起画笔，什么忙、烦、累，就会统统消失在眼前。若不是这一次机缘巧合，郑利民做梦也不会想到，有一天能够实现自己的少年梦想，更没有想到，他还能带领着村民依靠绘画致富奔向美好生活。这仿佛就是一件命中注定的事情。

郑利民上任乡文化站站长没几天，他就拿着一张画来余东村“以画会友”，他与余统德、郑根良几人相谈甚欢，三人组成一个绘画兴趣小组，经常在一起切磋技艺，展示画作。

这其实是郑利民的一个工作方法，和农民画家们玩熟了，对如何找到乡村文化建设的突破口，也就能够慢慢理出一些工作思路来。

首先，要把人气集聚起来，一个聚会的场地非常重要。郑利民这样想。

一直在和经费打交道的郑利民，财政意识特别强。他看到浙江省文化厅有文件下达各县，创建农民文化活动室“金走廊工程”，还有5000到10000元不等的经费。郑利民就和村支书余小毛商量，余小毛也爽快，主动提出：“将我家房子腾出来，给农民画家开展培训。”于是他家的屋子，农具放三楼，全家住二楼，把一楼的两个大间收拾得干干净净，再买一些桌子、椅子，一个农民文化活动室就像模像样地搞起来了：屋子的正中，两张大方桌拼在一起，用一床被单一铺就是一张大画桌；几条长凳将大桌围成一圈，仿佛一圈求知的眼睛，围着中间的老师；在桌子的前方，放着一块大黑板，在余东农民画家看来，这老师讲课的位置，俨然成了可以变幻出无数优美线条和创意构思的大魔盘；房子四周挂着余东村农民画家创作的一些作品，虽然有些幼稚，但看着亲切，把整个画室烘托得有了一些艺术味道。

农民画场地搞定后，郑利民又告诉大家，以后，农民画画好了，就由村里出钱拿去装裱，这样，活动室的向心力也就越来越大了。这些做法很快就传到了省文化厅，马上就得到了他们的认可，当年就得到了一些经费，还得到了一块铜牌的表彰。

村里的文化活动室搞起来后，村里的村民有空也会来看他们画画，觉得挺有意思的，有些人提出要跟他们一起学画，郑利民和余统德、郑根良一商量，就成了村民的师傅，村里有几十个人都陆陆续续加入了绘画的队伍。

郑利民注意到，农民画家数量虽然多了，但彼此之间缺乏交流，都是自己在单干，也没有人管，就像十个指头都伸着，攥不起一个拳头，怎么形成农民画创作的合力呢？他和余东农民画家们一合计，干脆成立一个协会吧，可以更好地推进农民画的发展。

按照郑利民的想法，余东村农民画协会的会长，最好是从余东村里选一名画技好、有威信的人来担任。但农民画家兄弟的手，几乎是不约而同地指向了他：场地你定的，经费你搞的，还拿到了表彰，你又是乡里的文化站站长，你不当谁当啊？

2003 年 4 月，余东农民画创作协会成立了。郑利民全票当选了会长，郑根良、余统德担任了副会长。余东村农民画从此有了自己的组织。

好了，余东农民画的阵地搞定了，队伍也集合了，下一步要做的事情，就是用作品来证明自己，要在整个乡里发出自己的艺术声

余东农民画家郑利民

音。于是，他们决定到沟溪乡去办一场余东村农民的书画展览。

什么？一批农民自己玩玩的事情，还要到乡里去办书画展览？没有什么名气，有谁来看呢？消息一传出来，不理解的有，担心的有，冷嘲热讽的也有。有些人就劝他们算了吧！但郑利民就是有那么一股倔劲，你说我们搞不了，我们偏要搞起来给你们看看，这余东村的第一届农民画画展，我郑利民就是要搞定了！

没有场地怎么办？就去借！没有名气怎么办？自己去宣传啊！郑利民与党支书余小毛一起向沟溪乡作了汇报，乡党委书记一听他们的汇报，刚刚点上的香烟就停在了半空中："好啊！这是好事啊！乡政府办公楼的会议室，虽然简陋了一些，你们看得上，就拿去做展览厅吧！"

看着乡党委这么没有二话地支持，郑利民算是吃下了一颗定心丸。可画展是需要人来欣赏的，如果就几个村民来看，那是自拉自唱，

2004 年，衢州文艺专家在辅导余东农民画家。

自我欣赏，没有多大意义。再说了，这个画展其实就是余东村农民画创作面向社会和专家的一次汇报展示，如果专业人士不过来看，我们创作的不足怎么发现？我们农民画家的专业水平怎么提升？

郑利民拿出了古人“三顾茅庐”的执拗和诚意，到处登门拜访当地名家。

拜访的第一位是陈才，他是郑利民当年航埠中学读书时候的语文老师，给了幼小的郑利民许多文学和艺术的滋养。这个时候他担任衢州市文学艺术界联合会主席已经多年。陈才也是一位优秀的小说作家，创作了数十万字的长篇小说，出版过多部中短篇小说集和散文集，同时还担任了衢州市作家协会主席，是一位在文学和艺术上都有造诣，威望颇高的艺术专家。

后来，郑利民又请来了衢州市美术家协会主席王集法，衢州书法家协会主席、市文化馆馆长王克等当地文化名流。

当然了，郑利民也不忘邀请柯城区文化界的领导们，柯城区委宣传部部长也兴致勃勃赶到了沟溪乡。这位有着文艺情结、晚年还创作过婺剧《谢高华的故事》的宣传部领导，已经隐约意识到余东农民画未来的发展空间，因此他要给这个农民自发形成的文化现象更多的支持。

余东农民画在沟溪乡的第一次亮相取得了圆满成功，效果超出了许多人的预想，省、市级多家媒体的记者也被吸引来了，纷纷把新闻目光聚焦到了沟溪乡、余东村、农民画上，纷纷给予了好评。

这样的场面和结果让郑利民大大地松了一口气，但那口气没有吐完，陈才的一句话却让郑利民马上头脑清醒，以至于到今天，他还没有忘记。陈才说了什么？其实就是很直白的一句话："不是农民们画出来的画，就叫农民画；农民画应该有它最基本的特征，鲜明的地方特色，农村生活化的题材，农民自己特有的绘画风格和绘画语言！"

郑利民感到，就凭这句话，这个展览办得就是值得的，大有"一语点醒梦中人"的感觉！怎样形成余东农民画自己的艺术风格？什么才是余东农民画自己的绘画语言？这便成了郑利民萦绕于心的问题。

向“秀洲农民画”取经

为了找到余东农民画自己的绘画语言，2004 年 4 月，郑利民和几位农民画家来到了嘉兴市秀洲区，来向“秀洲农民画”取经。

秀洲位于嘉兴市的西北片，是典型的杭嘉湖平原地带，这里物产丰富，风光秀丽，千百年来孕育了丰富的稻作文化，是闻名于世的鱼米之乡、丝绸之府。同时，伴随着逢年过节、衣食住行、生丧嫁娶等民俗，秀洲创造了丰富多彩的江南民间艺术。

秀洲农民画就是从这样丰沛茂盛的土壤里发展起来的，早在明清时期，就有大量的灶头画。在户县农民画发展的高峰期，许多本来不会画画的秀洲农民也拿起笔来自发地作画，他们从纺织、稻作、民俗等文化中吸纳了灶头画、蓝印花布、雕花糕模的智慧创造，从泥塑、剪纸、刺绣、服饰、建筑等艺术中体会着民间艺术的纹饰肌理。与此同时，秀洲也积极向同是江南水乡的上海金山农民画学习，彼时，金山农民画在吴彤章老师的带领下，一改院校体系辅导农民画的模式，全面向中国传统民间美术学习，从移植、整理、发展到新创造，开拓了农民画艺术语言的新方向。

于是，在金山农民画的影响下，秀洲农民画也有了这么一些鲜明的特点：艺术造型夸张、色彩明快、构图饱满，艺术手法多变且具有平面装饰性，富有强烈的水乡风俗情趣。1983年中国美术家协会举办了首次全国农民画展，秀洲8位农民画家的作品一举获得奖项，一时间惊动了中国民间艺术画坛。

1983年后的秀洲农民画一直快马加鞭，奔跑在农民画发展的道路上。1988年，国家文化部将56个在现代民间绘画创作上取得显著成绩的地区，命名为“中国现代民间绘画之乡”，秀洲区与陕西户县、上海金山一道榜上有名。1997年，秀洲开工建设了浙江省第一座农民画陈列馆——“嘉兴农民画陈列馆”；1999年，这个新馆落成后，成功举办了全国性的农民艺术大展——“’99中国当代民间绘画作品邀请展”，扩大了“秀洲农民画”这一品牌在全国农民画领域的影响力。

1999年底，一位文艺情结浓厚、从省城下派过来的年轻副区长分管文化工作，更是以极大的热情，将推进农民画作为工作的重中之重。

年轻的下派副区长依托在省城工作积累的丰富人脉，在浙江省文化厅的大力支持和全力帮助下，克服难以描述的困难，终于拿到了“秀洲·中国农民画艺术中心”这块金光闪闪的“国字号”招牌，还拿到了同为“国字号”的批文，同意秀洲区可以每两年举办一次“中国农民画艺术节”。

2001年10月，总投资2800万元的“秀洲·中国农民画艺术中心”全面竣工。艺术中心三层建筑总面积7450平方米，其中展示厅面积3500平方米，报告厅1500平方米，接待厅260平方米，创作室300平方米，储藏室200平方米。艺术中心因此成为全国民间绘画艺术的展览交流中心、创作活动中心、研究收藏中心。

就在艺术中心大楼落成的同日，首届“秀洲·中国农民画艺术节”

隆重举行，全国56个“中国现代民间绘画之乡”来了54个，几乎全部到齐，以至于到场的国家文化部副部长感叹：“没有想到一个小小的秀洲区，竟然办成了文化部多年想办却没有办成的事情！”

另一方面，年轻的下派副区长又提出要抓住建设“秀洲·中国农民画艺术中心”的良好契机，突出重点，创出特色，繁荣和发展秀洲农民画，他们主要抓好了六个方面工作：一是抓队伍稳定，培养一支有规模、有素质的农民画作者队伍；二是抓创作提高，在鲜明的文化特色、浓郁的乡土情趣、强烈的瑰丽色彩和淳朴的艺术造型方面突出个人风格；三是抓针对性的辅导，培训深入浅出，辅导实在管用，将农民心中的美好感受，化为纸上的精彩画面；四是抓市场开拓，注意研究国外艺术爱好者的审美情趣和对东方文化的向往之心，同时结合秀洲产业特点，开拓国际、国内两个市场；五是抓信息交流，学习全国农民画乡的成功经验，为全国农民画乡做好信息交流的服务工作，让“中心”名副其实；六是抓理论研讨，创作和理论齐头并进，通过“请进来”“走出去”，把经验总结到位，把理论完善提高。

在秀洲，郑利民一行人看到“中国农民画艺术中心”大楼巍然屹立，听到秀洲农民画发展的辉煌历程和未来设想，感受到农民画如火如荼的发展，那一股股热气朝他们迎面扑来。“很震撼，真的很震撼！”将近20年过去了，郑利民说起秀洲区来，还是充满着敬意和赞叹！

郑利民在向秀洲农民画指导老师陈玉峰虚心求教的时候，对秀洲农民画进行了分析。

在作品主题上，秀洲和余东农民画都贴近生活，紧随时代，充分抒发了对辛勤劳动的赞美，对火热生活的讴歌，展现了当代农民奋发向上的精神风貌。但郑利民感到：秀洲农民画题材更加广泛，构思更加大胆一些；在创作技法上，郑利民觉得秀洲已经形成一种时空自由的独特表现手法，构图奇妙饱满，造型谐趣横溢，画面干净工整，用笔委婉细腻，彰显出雅拙兼蓄的审美情趣；在艺术处理上，郑利民感到秀洲的造型夸张、变形、平面装饰并用，用色讲究民族、民间性，既对比强烈，亦注重色调，乡土气浓、现代感强；最让郑利民感到羡慕的是，秀洲的许多画家都有一定的艺术个性，绘画形式有水粉、版画、油画和水墨，作品的风格多样，有些作品用笔活泼，有些作品工整严谨。在郑利民看来，这些都是秀洲区农民画独特的绘画语言。

郑利民又把余东村和秀洲区进行了一番仔细的比较。同样都是农耕文化，在地理地貌上，秀洲是江南水乡，大自然的底色以蓝色、绿色为主；余东村归属的衢州是赣、皖、闽、浙四省通衢的交汇地，大自然的底色以红土地为主。在农业特点上，秀洲到处可见郁郁葱葱的蚕桑、莲藕；余东村放眼望去都是漫山遍野的柑橘。在饮食习惯上，秀洲区的嘉兴粽子、文虎酱鸭和南湖菱都融合水乡之特色，浸透吴越之灵气，尽显南方美食细腻清淡之韵味，其画色彩明丽而不艳俗，构图饱满而不壅塞；余东村主要以香辣咸鲜为主，尤其是“三头一掌”即兔头、鸭头、鱼头和鸭掌，更是衢州地方特色风味的代表，其画家个性多朴实粗犷、热情奔放。

农民画是从大地生长的艺术，怎么样的土地就会孕育出怎么样风格的绘画作品。在秀洲，郑利民对余东农民画自己的绘画语言慢慢有了深刻的理解，也找到了余东农民画的发展方向，他觉得，一定要更加坚定地从民间艺术中探求新的表现元素，一定要更加坚定地结合自己的生活场景，画出“农村、农业、农民”中劳动的场面、丰收的原野和开心的人民。

余东农民画家参加 2007 年秀洲中国农民画艺术节。

“和秀洲农民画相比，我们的差距实在是太大了！”但有了方向感的郑利民毫不气馁，这时候他心中只有一个想法——“追上去”！

调研回来后，余东画家们对农民画范式有了新的理解。郑利民最先做了个绘画实验，画出来的《橘乡风采》与过去的感觉完全不一样。郑利民感觉不满意，但又有信心，毕竟是往前走了一步。

郑利民的这种探索，以及他们对农民画范式意识的感悟，是余东农民画风格转变最早的催化剂，但其并非是僵硬的模仿，而是经过实践内化为了自身的语言，在后面的十多年里，郑利民发掘出的农民画范式影响了一大批余东农民画家，并一度被发展成为一种群体风格和余东农民画的绘画语言。

今天回头看，在余东农民画发展的进程中，2004 年发生了两件大事，一件大事是去了嘉兴秀洲区学习取经，还有一件大事是和中国美院师生现场交流，这个交流的结果，除了提振余东农民画家的创作积极性外，更重要的是引起了柯城区领导的高度重视。

一场愉快的现场交流

2004 年的那个夏天在当时看来是个普通的夏天，如今看来却是意义非凡的。

2004 年 7 月，柯城区宣传部组织了一批中国美院的学生到七里乡写生，进行大学生暑期实践活动。带队老师是当年中国美院的团委书记，他在学生写生快结束的时候，心生一个想法，能否有机会和柯城当地的画家进行一些互动和交流，以此来促进学生水平的提高。

于是，他就想到了正在柯城区担任区委书记的省委党校同班同学，电话打过去，同班同学一听，这是个好事情呀！这位从基层摸爬滚打上来的区委书记，敏锐地感到这是一次难得的宣传柯城的好机会，必须把握住。

那么应该去哪里交流呢？那位书记对自己所管辖的乡村，犹如对自己手心的掌纹一样了解，他脑海里第一个跳出来的就是余东村了。

2002 年，衢州市行政区划调整，衢县成了柯城区，第一任区委书记上任没多久，区委宣传部部长就向他汇报了余东农民画的情况；衢州文联主席、作协主席陈才也来说过，沟溪乡余东村有一帮子农民一直在坚持画农民画，非常不容易，因为文化建设搞起来了，那边的民风也特别好。

书记听了以后，没过几天就带着分管副区长前往余东村调研。在那里，区领导看到农民画群体一直坚持画画。村书记余小毛自己家里并不宽裕，却还腾出房子让农民画家搞创作，搞交流。因为大家都一门心思搞画画，彼此之间的矛盾就少了；有了矛盾，也不出村，没有出现上访的情况；村风正气，民风淳朴，没有赌博，确实值得树为一个新农村建设的示范点。

这位书记也正需要外面的专家对余东农民画好好评判一下，也算是从专家层面对其艺术专业的一次调查研究吧，就看余东农民画家能不能过得了这次不期而遇的“考试”。

沟溪乡党委接到区委的通知后，就立即把郑利民找来。他们是既高兴又担忧。高兴的是，区委主要领导这么重视，让余东村的农民画家和中国美院的专业学子切磋技艺，机会实在是太难得了；担忧的是，这些专业学子都是通过激烈的竞争考上来的，说的上是百里挑一，我们农民画家基础先天不足，到时候会不会胆怯？会不会画砸了？如果画砸了，那不仅会影响到余东村农民画的名声，更会让乡、区两级的面子有点挂不住啊。

但很快，郑利民缓过神来，这些年来，与农民画家的共同相处，让他对余东农民画的底气心中有数，他向乡党委保证，一定不会给乡里、区里丢脸。

郑利民马上赶到余东村，召集在村的农民画家开会，讨论如何迎接这次交流活动。“这可是一场艺术的擂台赛哦，平时是好是差就不用多说了，有没有本事就看这次动真格的了！”郑利民有意来一个“激将法”，以此来激发农民画家的斗志。大家嘴上不说什么，但看起来都是自信满满，郑利民心里更加踏实了。

7月19日的下午，树上的知了叫个不停，强烈的阳光把房子的白墙照得晃眼，两辆大客车拉来了中国美院的老师和学生，有70多位，一场日后被称为“学院派与乡村派的美术交流赛”在余东村内拉开大幕。一开始，交流是在余小毛的家里进行，但前来围观的农民实在太多了，把屋子挤得满满当当，根本挪不开地方了，只能把现场搬到公路边上的院子里，方桌、圆桌一字排开，那个声势和热闹，今天讲来，农民画家还是记忆深刻，津津乐道。

根据美院老师的要求，美院学生与农民画家当场进行创作，主题自定。刚才还是熙熙攘攘的现场马上变得安静下来。

这边厢美院学子的现场，只听到画笔触动画纸发出的“沙沙”声音，墨笔丹青如行云流水地在素笺上拉出了崇山，晕染了瀚海；几笔勾勒，云锦慢慢展开，山遥水远，彼岸花开，线条虽然略显青涩，但行笔走墨的意境已经令人心旷神怡。

那边厢农民画家的桌面，指尖的笔触缓缓地盛开，在视野中凝固；几多山野的来风，一缕屋顶的炊烟，伴随着汹涌的思绪，瞬间化成了纸上的传奇；曾经出现在记忆中的景象，曾经回荡在胸中的乡愁，在眼神中唱着无声的歌，绚烂的阳光、纯净的空气、田间的果实，都幻成了游走心间的色块，冲击着人们的心灵，慢慢地，慢慢地，这一切终于都在画稿上定格。

时间就在“滴答滴答”中，一分一秒地过去，一个小时，两个小时……郑利民首先完成了作品，他端详了好几回，然后在画作上签上自己的名字，像一个充满实力的优等生，把自己的答卷送到了美院老师的手里。紧接着，余统德、郑根良、金光炎等余东村农民画家一个个都交出了各自的绘画作品。

咦！这农民画真的是很赞啊！美院老师的神色充满了惊讶和

2006 年 7 月，余东农民画家与中国美术学院师生交流创作。

欣喜。

这场“擂台”，双方都是赢家。美院的师生原先对农民画不了解，以为农民画家没有什么艺术技法的功底，不就是想象力和色块的填写嘛，但这些憨厚淳朴的汉子，显示了非常了不起的绘画技艺，眼前的这些图画，创意是如此大胆，想象是如此飞扬，表达是如此不羁，真让人刮目相看。师生们从中看到了艺术创造最为宝贵的素质，那就是：对环境细致入微的观察，对世界情景交融的投入，对生活发自内心的热爱。这样的创作，虽然稚拙，却令人羡慕。

余东村的农民画家们通过这次交流，也感到收获满满。首先是看到了自己的许多不足，如造型能力上、整体呼应上、色彩搭配上，自己需要提升的东西实在太多了，农民画家都感到要好好向人家学习；其次是看到了专业画家对自己的肯定，非常受鼓舞，这种肯定，哪怕是一句话、一个表情、一个眼神，都是对正在起步的农民画家一个实实在在的拥抱，鼓励着他们向更高的目标艰苦跋涉。

带队的美院老师非常激动，当天，中国美院师生对余东农民画的推崇马上就反馈到了同班同学那里：“余东农民画水平很高，他们很有创造的想象力，无拘无束，源于内心，这正是专业画家求之不得的艺术生命力，需要好好保护，发扬光大啊！”

“但他们的创作条件实在太艰苦了，说场地没场地，说辅导没辅导，说经费少经费，他们还要努力赚钱，养家糊口，但仍然对美术创作一往情深，孜孜不倦，真的是太不容易了！你这个当书记的，真的需要好好去关心他们一下，给他们实实在在的帮助啊！”美院老师最后这样动情地说道。

文化活动中心的故事

擂台赛后没几天，区委主要领导和四套班子的领导就来到余东村调研农民画，他们要找到一个可以给农民画家们实实在在帮助的发力点，为农民的文化活动创造必要的条件。

那天是大暑前后，热浪一波又一波扑面而来，树上的知了扯着嗓子大声叫唤，把对热气的不满宣泄得淋漓尽致。

村主任余良耀清楚调研时的情景。领导先是来到余小毛家里，也就是余东村农民那个简陋的活动室，开了乡村干部和农民画家共同参加的座谈会。

正在田头忙着农活的郑根良被叫去开会，他连衣服和套鞋都来不及换掉，带着一身的泥匆匆忙忙赶去，一下子冲到了座谈会会场。轮到他发言的时候，他站起来大声地说："现在农村一天一个样，许许多多的好景象都是值得画出来的，周边村民看到我们余东村农民画，也想加入我们的农民画协会，但现在场地没有，如果政府给我们解决场地问题，余东村的农民画一定会有一个大发展！"他的嗓门越说越大，赢得了现场一阵赞同的掌声。

"你这话说得有道理啊！"区委领导当场表态，要帮助村里新建一座文化活动中心，他转头问余小毛："村里难道没有集体资产可以盖房子吗？”

余小毛回答：“领导啊，要是有钱，这农民活动室还会放在我家这里吗？”

区委领导一听，也没有多说什么了：“马上中饭，吃好就去选地址！”

非常简单的一顿中饭之后，大家来到了余东村的余家祠堂，他们跳过满地的积水进去看了一会，马上就摇着头出来了。这座清代时建造的祠堂多年废弃失修，这里地势又低，实际已成了一座危房，别说作画，就连人身安全都成问题，这里做文化中心肯定是不行的。

出了余家祠堂，大家又转去了后山，那边有集体土地，可以在土地征用的时候省一点钱，但看来看去，地址还是不理想。

看到跑得满头大汗的区委领导，余良耀递上了一包餐巾纸：“书记，我们不急，要不以后再看看？”

就在区委领导准备上车离开时，他一回头，一下子看中了村口桥头的一块菜地，郑利民后来说，那一刻，真的是有一种“蓦然回首，那人却在灯火阑珊处”的感觉。区委领导指着那块地，对余小毛说：“你能不能把它征用下来，如果能够顺利征用了，你们建文化活动中心大楼的钱，我们区里给你负责，怎么样？我们一言为定！”

在场的村书记余小毛和村主任余良耀一听，心里都“咯噔”了一下。“这块地怎么动得了？为了菜地的边界村民们都起过口角，差一点打起来！”但看到区委领导那鼓励的目光，余小毛和余良耀心里又一下子坚定起来，他们异口同声地说：“行！看我们的，我们一定能够完成征地任务！”

胸脯拍得“咚咚”响，事情要赶紧落实了。当晚，余小毛、余良耀连夜召集党支部和村民委员会开会，有的人就说了，画画没有啥花头，又不能当饭吃，就是在瞎折腾。余良耀马上说:“没有文化的村，是没有灵魂的。我们村里匠人多、手艺人多，木匠、篾匠、竹编、油漆匠多，爱好写写画画的人多，如果我们不抓这个工作，实在太可惜了。”最后余小毛说:“这是一件好事，机会难得，我们一定要抓住这个机会做成了，在座有涉及自身利益的，不妨把自己的想法说出来，还有什么意见、建议都统统放上来。”

在座的村干部和村民代表的思想慢慢统一起来，也明白区委、区政府后续支持的力度，当然，他们也知道自己家的利益会有一些损失，但他们都是识大体的人，明白孰重孰轻，所以他们一个个表态:“没事，没事，余书记，那些果树就算了，土地征用费嘛，你看多少就给多少吧！”

结果大家商议，380 平方米的菜地，每平方米最高补贴 55 元，最低补贴 30 元。村主任余良耀被征用的地最多，但他只要每平方米 16 元。土地征用历来是农村工作的一个“老大难”问题，但是听说要给农民画造一个艺术中心，又看到村干部们都这么带头了，全村的村民就特别齐心，一切难题都迎刃而解了。

说干就干，第二天，余东村就与农家签好了土地征用合同；墨迹未干，推土机就开动了，马上推平了土地；第三天，余小毛就拿着一份份合同跑到了区委、区政府，找到了区领导。

“哦，你们余东村的效率这么高？看来你们的决心是够大的了！”看到兴冲冲赶来的余小毛和余良耀，区委领导很高兴，“你们这样，真的是干事情的样子！”

他和区长很快召集了文化、土地、规划、城建、农办、林业、财政等相关部门开会研究，切实落实了余东村农民文化活动中心建设的具体事宜。

2006 年 1 月，第一代农民文化中心落成。

余东第一代文化中心，现为余东党群服务中心。

当时，柯城区还很穷，一些效益好的企业都已经收到衢州市里去了，整个区的财政年收入不到1亿元，农民活动中心的经费要一下子到位还很困难。但区委、区政府心往一处想，劲往一处使，事情办得就非常顺利。

这一天是2004年7月28日，为了更好地推进这项利民工程，区委领导把这一天定为余东村调研日。从此，每个月的28日，无论是冰天雪地还是烈日炎炎，他都要跑到余东村去调研，协调相关部门落实具体工作，形成了一个"倒逼机制"，大大推进了农民画大楼的建设。这样的余东村每月调研，一直坚持到大楼圆满建成为止。

经过柯城区、沟溪乡两级党委和政府的努力，加上余东村"两委"以及村民的合力，余东村农民文化活动中心在2005年夏天顺利建造完成，并于当年年底正式投入使用。那一天，余东农民按照浙西地区的农村风俗，在新房造好时举行了隆重的仪式，他们用红布包梁，点燃无数个炮仗，燃放上百串鞭炮，在一阵又一阵的喝彩声中撒下花生、莲子、红枣、稻谷。"红布包，抛起来，福禄寿喜一起来；新房子，新希望，锣鼓鞭炮响起来！"鞭炮齐鸣，表达的是内心强烈的喜悦，祈求的是农民画的事业从此更加兴旺发达。

这座余东村农民文化活动中心大楼总共有3层，共580平方米。要知道，当年村里根本没有办公楼，但是，余东村不造办公楼，而是给农民画家造活动中心，已经非常奢侈了！这还不算，院外还建造了2000多平方米的农民文化广场！

再看看大楼内，有70平方米的农民书画作品展览室，常年展出农民书画及农民画相关文创产品，有65平方米的图书阅览室，85平方米的乡村课堂，75平方米的农民书画创作室，95平方米的会议室及90平方米的农民信息化服务中心，为了农民画家，里面的许多设施都是高配置的！自此，余东村的农民画家们有了一个正式的、固定的活动场所。

如今，这幢大楼已经成为村民办事中心，仍然在余东村的村口展露着它的雄姿。虽然余东村后来又建成了更加高大、更加气派的“中国乡村美术馆”，但余东农民画的第一座地标建筑，一直都是当地农民画家心中的神圣艺术殿堂，充满了许多无限美好的记忆。

第四章

阳光和雨露

春风化雨沃大地

有人说，余东农民画发展有很大的偶然性，如果没有余统德、郑根良他们不懈的坚持，没有郑利民他们深情的努力，没有柯城区党委和政府强力的支持，余东农民画恐怕就不是今天这个样子了。这话说得有几分道理，这三方面的力量，恰好合力在一个历史的交汇点上，其产生的共振，确实对余东农民画的发展起到了直接的推动作用。

但这话说得又不够全面，既然农民画是从大地生长的一门艺术，那么大地的肥力如何？影响大地的气候、环境会如何变化？这些都对农民画的健康发展起到至关重要的作用。如果我们把余东农民画的发展放到一个更加广阔的历史空间里来考察，就会发现一些看似偶然性的背后，又隐含着历史的必然性。

一个重要因素是党中央对“农业、农村、农民”问题的高度重视。改革开放以来，中共中央在1982年至1986年连续5年发布以“农业、农村和农民”为主题的中央1号文件，对农村改革和农业发展作出具体部署。2004年至2021年又连续18年发布以“三农”为主题的中央1号文件，强调了“三农”问题在中国社会主义现代化时期“重中之重”的地位。在这样的社会大背景之下，农民画承载着新时代“三农”主题新的内涵，关心、支持农民画的发展变成了重视“农业、农村、农民”主题一个“以小见大”的具体载体。

余东农民画发展的一个更加重要的因素，就是习近平“八八战略”的战略构想，让浙江的经济、社会、文化等各项事业得到了全面的、深刻的发展。而建设“文化大省”的战略部署，也让余东农民画搭上了时代的“高铁”，因此得以突飞猛进、一路向前。这是余东农民画发展的时代大背景。

2003 年 7 月，中共浙江省委召开十一届四次全体（扩大）会议，时任省委书记的习近平同志在全面深入调研基础上，提出并实施了作为浙江省域治理总方略的“八八战略”，对浙江发展作出全面规划和顶层设计，为浙江转型发展和长远发展奠定了坚实基础。

“八八战略”第一个“八”所指的“八个优势”是：将已经显现出来的体制机制、区位、块状特色产业、城乡协调发展、生态、山海资源、环境、人文等优势进一步发挥好；将潜在的优势变为现实的优势；将暂时的劣势，通过努力转化为优势。第二个“八”是指通过实施八个方面的举措，推动经济社会发展增创新优势，再上新台阶。“八八战略”出台以后，各方面工作取得了明显成效，经济社会继续保持了平衡协调、较快发展的良好态势：经济社会发展增添了新活力；对内、对外开放开创了新局面；产业升级构筑了新平台；统筹城乡发展出台了新举措；打造“绿色浙江”形成了新氛围；“山海并利”培育了新基点；社会稳定开创了新局面；文化大省建设又上了新台阶。

浙江经济社会各项事业的健康发展，让农业、农村、农民的全面发展有了宏观的物质基础和政策保障，也让“农民画”，这个以农民为主体、农村文化工作的有效载体的高速发展，有了现实的可能。这是第一点。

第二，余东农民画的高速发展还和浙江省加大文化的投入，努力建设文化大省，促进文化大发展紧密相连。

“八八战略”的第八项战略是“进一步发挥浙江的人文优势，积极推进科教兴省、人才强省，加快建设文化大省”。

2005 年 7 月，在中共浙江省委十一届八次全体（扩大）会议上，习近平同志作了题为《加快建设文化大省，为在全面建设小康社会、提前基本实现现代化进程中走在前列提供强大力量》的重要报告。会议出台的《中共浙江省委关于加快建设文化大省的决定》，系统地阐述了加快建设文化大省的时代背景、战略意义、指导思想、总体目标、主要任务和保障措施，成为指导浙江从加快建设文化大省、文化强省到建设“文化浙江”的宏伟蓝图和顶层设计。

自实施“八八战略”、建设文化大省以来，历届省委坚持一张蓝图绘到底，以文铸魂、以文育德、以文图强、以文传道、以文兴业、以文惠民、以文塑韵，一任接着一任干，从加快建设文化大省，到建设文化强省，再到建设“文化浙江”，不断推动文化建设跃上新台阶。文化事业繁荣兴盛，人民生活丰富多彩，为忠实践行“八八战略”、奋力打造“重要窗口”、争创社会主义现代化先行省提供了强大的文化支撑。

余东农民画生逢其时，在这样良好的文化大气候之下，不断得到不可或缺的成长养分。

第三，余东农民画的高速发展又和习近平关心、指导衢州经济社会“跨越式发展”紧密相连。

习近平一直非常关心、重视衢州的发展和建设。2002 年 12 月 28 日到 30 日，习近平顶着寒冷的西北风，来到浙江西部衢州调研，提出了“欠发达地区跨越式发展”的思路，按照时任衢州市委副书记、市长厉志海的理解，这个“跨越式发展”并不是要逾越某个发展阶段，而是要善于借鉴其他地区发展的成功经验，发挥本地具有特色的后发优势，用较短时间走完发达地区用较长时间走过的路。习近平从战略高度谋划衢州的长远发展，鼓舞人心，有非常现实的指导意义。

习近平在主政浙江期间，曾经先后8次到衢州指导工作，对衢州提出了一系列重要指示和殷切期望，主要体现在八个方面，概括为“八个嘱托”：一是“成为全省经济发展新的增长点”；二是“打造四省边际中心城市”；三是“成为全省经济向中西部邻省拓展的一个桥头堡”；四是“推进山海协作工程上新水平”；五是“让南孔文化重重落地”；六是“努力把生态优势转化为特色产业优势，依靠‘绿水青山’，求得‘金山银山’”；七是“营造亲商、安商、富商的投资环境，吸引更多的外来投资者到衢州创业发展”；八是“抓好以党组织为核心的基层组织建设和干部队伍建设，形成全方位覆盖基层的工作网络”。

今天回头看，余东村作为衢州的一个贫穷小山村，恰好具有一定的绘画优势，农民画家将这些潜在的优势转化为现实的优势，努力提高广大农民的生活水平，这也是从文化的角度，实践习近平提出的“欠发达地区跨越式发展”。受到各级党委和政府的大力扶持，余东农民画生长在春风化雨的肥沃土地上，正在蓬勃向上，焕发出越来越夺目的光彩。

夯土施肥牵人心

在“八八战略”的指引下，全省上下积极贯彻落实《中共浙江省委关于加快建设文化大省的决定》，具体体现在推进余东农民画的发展上，各级组织和领导关心、支持的力度不断加大。

在采访中，许多农民画家兄弟都会掰着手指，按照时间的顺序，说到一个又一个领导如何平易近人，爱护农民画家的故事。这些朴实的农民兄弟对这些故事如数家珍，无论神情还是语气，都透出对党和政府浓浓的感恩之情。

余统德清晰地记得，2006 年 2 月 12 日元宵节，放鞭炮的烟雾还没有散尽，村里的老少还沉浸在正月里欢快的气氛之中，刚刚落成使用不久的余东村农民文化活动中心，就迎来了年轻的浙江省委常委、省委宣传部部长。

部长来到三楼，兴致勃勃地看了余东村农民画的作品，余统德从旁边看到，他的眼睛里闪烁着兴奋的光芒；在现场农民画家的一再要求下，他写下了“墨妙书香，春华秋实”八个字；当汇报到余东农民画家想到杭州办一次展览时，他又当场表示：“到杭州有什么问题，可以找我。”冬日的寒气抵不过现场的暖意，现场的农民画家们都情不自禁地鼓起掌来。

走过了春天，走过了夏天，到了“秋实”的10月，余东村“农民画，画三农”画展即将在浙江展览馆展出。柯城区、沟溪乡的两位党委书记兴冲冲地赶到了杭州，按照在余东村的约定，来到了省委宣传部。

在听取画展筹备情况的汇报后，部长关心地问到了经费落实问题。柯城区的同志说，浙江展览馆场租是8万元，浙江省文联很支持，降到了5万元，部长马上表态:“这个5万从省委宣传部专项经费出，应该支持一下余东村。”随后，他还要求在座的新闻处负责人给在杭的新闻媒体出具公函，希望新闻单位做好余东农民画的宣传报道工作。当晚，就有省级新闻媒体找上门来，采访余东农民画家。

10月20日，余东村“农民画，画三农”画展在浙江展览馆顺利展出，这是余东村的48位农民画家首次以群体的姿态亮相于省城杭州的大型展览。火红的橘子、翠绿的丝瓜、金黄的野菊、肥硕的猪羊，一股浓郁的乡野气息扑面而来，仿佛置身于充满泥土味的乡村之中，惟妙惟肖的画卷让不少内行人不住地称道。

就是这个展览的开幕式，又引出了另外一位省委领导关心基层农民画创作的故事。

这位对天津杨柳青农民画有着特殊感情的省委领导，当时分管农村农业工作。2006年8月，他在衢州调研时，听说余东还有一批很有特色的农民画，就马上增加了行程，前往余东村现场调研，并且向农民兄弟表示，以后来杭州展览，一定会去参观。过了两个多月，当柯城区领导前去邀请他出席画展开幕式时，心里还真的没有底，一位省委副书记真的会来参加一个小小山村的农民画展览？结果没有想到，他不仅当场爽快地答应了，还在会上发表了热情洋溢的致辞。

依照当时浙江的财政体制，省领导在各自分管的线上，可以根据工作需要调动一部分专项资金。因此，省领导对于最基层的余东农民画创作，不仅给予了精神上的激励和鼓舞，还在资金上给予了倾斜和支持，这让余东的农民画家们一直铭记在心。郑利民告诉我这么几个小故事。

2007年，一位分管文化工作的女性副省长来到余东村，在听到村支书余小毛说，为了建造文化活动中心大楼，村里还负债10多万元时，副省长表示，建设文化大省，就是要对基层一线发展文化事业给予有效的支持，你们打一个报告上来吧，我和有关部门商量商量，看看能不能从浙江省文化专项资金里面拨付一些，给你们余东村一点实实在在的帮助。“很快啊，资金就全部到位了！”郑利民说到这里，还是抑制不住地开心。

2009年夏天，一位曾经衢州的老书记，后来分管农业工作的副省长也来到余东村。在参观农民画的过程中，村支书余小毛心里直打鼓，反映一些发展困难吧，不好意思开口，不开口吧，困难确实存在。就在余小毛犹豫不决、面露难色的时候，副省长笑了：“我在来余东村之前，已经安排好了，农民素质工程专项资金10万元，来给你们余东村和农民画加一把火哦！”

考虑到土生土长的浙江农民画在“文化大省”建设中发挥的特殊贡献，主管浙江文化工作的领导机关浙江省委宣传部，更是想方设法从多方面对余东农民画给予了有力的支持。

2008年，又一位浙江省委常委、省委宣传部部长来到余东村，在农民兄弟的要求下，他留下了一幅墨宝——“种文化”。因为当时并没有随身带着印章，他就抱歉地说：“我回去盖了印章，再寄给你们，好不好？”不久，一幅盖了印章的题字，从杭州寄回了余东村。郑根良说，那种用心做事的真挚态度和对农民画的热切期盼，都跃然纸上。

再回到现场，一些老农民画家表达了希望得到社会承认的强烈愿望，部长明确表示，对一些年龄比较大、创作时间长、生活条件差的民间艺术人才，在政策上应该多多倾斜，在生活上就要多多扶持。

随后，浙江省委宣传部、浙江省文化厅和浙江省文联举办了“首届浙江民间艺术人才”评选，主办单位对余东村农民画家群体给予了特殊的重视，整个柯城区的12个名额中，余东村就达到7个，余统德、郑根良、毛老虎、郑华土、谢永久、金光炎和孔祥人等7位老农民画家如愿以偿，并获得了省政府6000元的奖励，同时还有当地政府的配套资金补贴。

第二年，也就是2009年的春节前夕，这7位“首届浙江民间艺术人才”，再加上郑利民、郑位良共9人，都不约而同地收到了那位部长签名的新年贺卡。“没有想到啊，这么大的省委领导，会在过年的时候想到我们，还给我们寄贺卡！”10多年过去了，郑根良仍然珍藏着那份签名贺年卡，“他这是惦记着我们这些农民画家兄弟们！”

2009年9月的一天，阳光明媚，时任浙江省委书记也兴致勃勃地来到了余东村，专题调研乡村文化建设，他走访了好几个农民画家的家，看看他们的创作和生活。这位在中央组织部工作多年的书记，看到余统德的农民画《村务账务公开，民主理财》，就说“这个事情，我们需要多多宣传”。他看到毛老虎的《剃头图》，开心地笑了起来：“我小的时候也是这样的，农民画挖掘这些东西，很有意义。”

临离开时，省委书记对在场的领导和农民画家们说：农民画不可以只看经济效益，主要看社会效益，村庄和谐，就是党和政府最希望看到的；农民画要不断提高艺术水平，同时要代代相传，后继有人，培养新人，不要丢掉了；政府要把农民画列入重要的议事日程，作为一项事业来抓。他还不忘叮嘱一同前来的省级单位和衢州市的领导："乡村文化是建设社会主义新农村的源泉与动力，要快步发展，立足创新，力求取得更大的成效，各级政府要办好事、办实事，更加重视农民画的健康发展。"

郑利民和我说，过去的这20年来，到余东村视察指导的领导何止是这么几位，余东农民画在成长的过程中，牵动了无数人的心，各级领导为农民画培土施肥，我们农民画家永远感谢党和政府的恩情。

有专家指出，如果把这些关心和支持放到一个广阔的背景上考察，从余东农民画这么一个小小的切口，就可以看到浙江省委、省政府就是这样坚定不移地以"八八战略"为指针，"一任接着一任干""一张蓝图绘到底"，勤勤恳恳地实践着"以人民为中心"的执政理念；还可以看到浙江省委、省政府领导已经看到农民画更深层的意义，那就是在全面奔小康的历史进程中，如何实现精神与物质同步发展，把农民的文化建设水平提高到一个新的高度——这正是我们国家与社会需要思考与实践的课题。

2008年6月，省委工作会议通过《浙江省推动文化大发展大繁荣纲要（2008—2012）》，在新起点上对文化建设作出了部署。

2011年11月，省委十二届十次全会通过《关于贯彻十七届六中全会精神推进文化强省建设的决定》，对加快推动文化大省向文化强省迈进作出新的谋划和布局。推进文化强省建设，是省委对"八八战略"中"加快建设文化大省"顶层设计的进一步具体对接。

党的十八大以来，省委率领全省人民在新的时代条件下兴起文化建设新高潮。2017年6月，省委十四次党代会着眼于浙江发展新方位，提出"在提升文化软实力上更进一步、更快一步，努力建设文化浙江"的新目标。"建设文化浙江"是省委又一次围绕深入实施"八八战略”对浙江文化建设作出的新部署。

2020 年 6 月，省委十四届七次全会提出了“努力建设展示坚持社会主义核心价值体系，弘扬中华优秀传统文化、革命文化社会主义先进文化的重要窗口”的新目标定位。

同年 11 月，省委十四届八次全会进一步提出，努力打造新时代文化高地，形成有国际影响、中国气派、古今辉映、诗画交融的“文化浙江”新格局。

为贯彻落实《浙江高质量发展建设共同富裕示范区实施方案（2021—2025 年）》和浙江省委、省政府的决策部署，充分发挥文艺在乡村建设中的独特作用，2022 年 5 月，浙江省委宣传部、省乡村振兴局、省文联共同印发了《关于开展“艺术乡建”助力共同富裕的指导意见》明确要求通过开展“艺术乡建”，引领乡村文化发展，以文艺因子激活乡村资源，赋能乡村产业，美化乡村环境，促进人民实现物质富裕、精神富有，浙江文艺的引领力、传播力、服务力进一步提升，文艺赋能乡村活力更加明显，打造“艺术乡建”的省域典范。

一以贯之践行“八八战略”，一张蓝图绘到底，浙江大地不断焕发新气象、迸发新生机。在这样的文化发展新格局中，余东农民画大有可为，前程似锦。

光合作用显担当

在浙江，“八八战略”的蓝图一提出，就化为了全省上下的一致行动;“加快建设文化大省”的号角一吹响，党委、政府、职能部门都拧成了一股绳，把为民造福的工作落实到了最基层。

这些年，衢州历任市委书记、市长都先后来到余东村调研，对余东村的农业发展、农民增收、农民画创作都作出过具体的批示。有的书记把余东村定为工作联络点，并兼任余东村第一书记，在扶贫帮困、党员教育、民主生活会等工作节点时，都要到余东村指导工作。这些衢州市的领导勤勤恳恳，事必躬亲，将党的富民政策和文艺政策充分运用在工作实践中，鼓励支持余东农民画的健康发展，将“八八战略”的宏伟蓝图，融进老百姓的生活改善和精神追求中。

几乎在“八八战略”提出的同时，浙江召开了“千村示范，万村整治”工作会议，习近平提出，用 5 年时间，从全省近 4 万个村庄中，选择 1 万个行政村进行全面整治，把其中 1 千个中心村建设成为全面小康示范村。这就是老百姓口中的“千万工程”，此工程既改善农村人居环境，也成为浙江绿色发展的突破口。

衢州市的领导清醒认识到，虽然农民文化活动中心建立起来了，但如果余东村的风貌还是低于一般水平的话，村里的各项事业发展的后劲就不可能持久，农民画的发展也就会大打折扣。借着“千万工程”的强劲东风，市区领导和政府部门指导余东村大力推进河道治理，加强土地整治，扩大绿树种植面积，他们还积极跑到省水利厅为余东村争取项目经费，终于得到了“水利小康示范村”项目 80 万元。经此一役，大俱溪的水更清了，余东村的地更平了，农民家里的树更绿了，乡村风貌因此焕然一新，余东村渐渐成为柯城区乃至衢州市新农村建设的一个良好样板。一些干部和群众通过工作实践深深体会到，在乡村建设中，文化赋能是可以转换为现实生产力的！

农民画色彩艳丽，很有中国风格和气派，衢州市委主要领导又对衢州外事办公室提出明确要求：市、区领导在出国访问、考察时，要把农民画当作重要礼品赠送给外方，以此在国际上宣传余东农民画；市领导还要求把余东农民画印制成挂历，年底分发到“四套班子”及有关部门，形成关心支持农民艺术创作的氛围。

在衢州市分管领导和文化部门的大力支持下，2005 年 10 月，“情满橘乡——柯城沟溪农民画展”在衢州市群众艺术馆热热闹闹地开张了，这是在沟溪乡举办展览后，余东农民画走入衢州城里的新举动。

2016 年，由浙江省美协出面，在衢州博物馆举办了“‘美丽乡村’浙江农民画展”，得到了衢州市政府领导和其分管的农业口的大力支持。

衢州政协对余东农民画发展关心备至。2017 年，由市政协主席带队，政协机关相关处室到余东调研农民画，并将余东村设为市政协组团联村的联系点，还派了一位市政协副主席专门挂联余东村，帮助收集、解决余东村群众关切的热点、难点问题。2019 年 3 月，衢州市两会一结束，市政协主席又带领相关人员再次走访余东村。此时，余东中国乡村美术馆即将建成，文化产业开始健康起步，文化产品也呈现出越来越丰富的趋势，市政协领导提出，要借新中国成立 70 周年的契机，以“余东农民为祖国庆生”为主题办好展览，展现乡村振兴的丰硕成果。

衢州人大的领导同志，也是持续不断地通过不同的途径，对余东村乡、村两级给予鼓励，他们希望余东村在未来成为一座“真正尽显田园之美、乡野之美、艺术之美、村落之美”的田间美景，“余东农民画”争取成为衢州乡村振兴第一品牌。同时，衢州人大的同志还希望，余东村重视“余东农民画”队伍建设问题，激发年轻一代的创作欲望与热情，吸引更多人参与到这项事业中，防止出现“青黄不接、后继乏人”的问题。

余东村所在的柯城区领导，对余东农民画的关心和支持是全方位的。我们在前面和后面用了若干的章节讲到，无论是党委还是政府都是同频共振，做了许多实实在在的好事，为农民画的顺利发展保驾护航，所有被采访的农民画家，一说到这几任书记、区长，感恩之情溢于言表。

在采访中，农民画家兄弟还说了许多是区委宣传部如何帮助他们的故事。从行政区划调整后的第一任宣传部长开始，每一位宣传领导在任时，都像接着一根接力棒一样，一任接着一任干，从来没有停歇。

前面说到，余东农民画走出山村到乡里展览，走出县城到衢州展览，还有建造余东村农民文化活动中心等，都有第一任宣传部部长作为有力推手。这位部长调任离开后，第二任宣传部部长首先围绕农民画的发展进行了调研，他思考的是：如何让农民画家体面地生活？怎样让农民画家在自觉追求精神富有的同时，加快实现物质富裕奔小康？作为宣传部部长，应该为这些农民画家们办点什么实事？

思来想去，部长觉得应该抓好三件事：一是抓住一切机会，引起各级领导的关注，推荐余东农民画，使农民画家在精神层面得到支撑；二是充分发挥宣传部门的作用，鼓励余东农民画参加各种比赛，争取获得好成绩，从而在专业领域占有一定的地位，以此增强农民画家的信心；三是助力余东农民画产业化发展，使余东农民画形成自身的循环机制，从而产生相应的文化产业价值。随后几年，他按照“政府推动、坚持特色、提升品位、市场取向”的思路，积极推进着余东农民画的发展。与此同时，部长又将这些想法传递给沟溪乡、余东村的负责同志，从而真正实现了区、乡、村三级对农民画的连锁重视。

第三任的宣传部长是一位女同志，工作特别细致，为余东农民画做了许多实事，即使转任柯城区人大常务副主任，也还是余东农民画专班的负责人，很大一部分时间都花在发挥农民画在未来社区建设中的作用上了。我曾经想好好采访这位女部长，但她总是那样忙，并且用沙哑的嗓子对我说：“我感觉许多事情都没有做好呢！”那天，我看到了她，因为忙于工作显得一脸憔悴，她瘦弱的身体被夕阳映照后，在余东村的村口，拉出了一个长长的影子，和余东村的土地融合在了一起。

余东农民画的指导老师罗剑华和我说，此后还有三位宣传部部长，都是女部长，她们的共同特点都是工作踏实，只要有什么问题和困难，马上热情地为你解决。还有，她们工作都非常仔细，几次去衢州、省城、北京举办展览，事无巨细，工作都冲在最前面。再有，都充满朝气，工作起来有思路，有措施，有干劲。

古人说，“官之至难者，令也”“郡县治则天下安”。县级领导是一个区域发展的“一线指挥”，县一级的工作从政治、经济、文化到老百姓的衣食住行、生老病死，无所不及。在如此繁杂的工作中，县级领导能够看到余东农民画在农民致富奔小康中的引领性，这正是

“一线指挥”的担当与作为，表现出基层党员领导干部贯彻党的方针政策、贯彻“八八战略”宏伟蓝图的坚定性和自觉性。

根须培植有作为

在中华人民共和国的土地上，乡镇是最小的行政单位，上头千条线，到了最基层，就是乡镇这一根“针”了。乡镇干部的勤勉工作，必然会使省、市、县对余东农民画的关心和支持达到事半功倍的效果。

在余东村农民文化活动中心大楼建成之前，沟溪乡党委和政府已经打下了良好的基础。到了新一届的党委和政府任上，“八八战略”的东风吹得正旺，建设文化大省的战鼓擂得正响，省、市、县三级党委和政府对物质文明建设和精神文明建设齐头并进，已经有了高度的共识。在这样的历史背景之下，乡党委和政府在推进余东农民画的向前发展上，就有了更多的支持。

乡党委在调研农民画的发展中注意到，虽然各级政府的扶助措施让农民画发展有了起色，但余东农民画家的处境还是逃脱不了一个“穷”字：画笔、颜料、画纸，这些是必需品，又是易耗品，都需要钱；搞个展览也没有好的场地，如果去租用，也是需要钱。

看到刚才还在眉飞色舞畅想农民画发展的那些画家，一说到钱就有一点黯然失色，乡党委书记心里暗暗着急：气可鼓，不可泄啊！“这样吧，”他站起身说，“今后，画画的材料费用都由乡里来负责；

还有，乡里的文化活动室可以作为你们的绘画场地和展出场地，不用给钱；每个月你郑利民组织大家到乡里去画一次画，乡里再安排大家吃一餐饭，犒劳犒劳你们，怎么样？”话音未落，现场响起了一阵长时间的鼓掌声。

回到乡里之后，书记与乡长一合计，又提出了一项减轻农民画家负担的设想：精品农民画的装裱费用也由乡财政来承担，这些精品农民画由大家合力向市场推荐，如果能够卖出去，钱归农民画家所有。这一提议，在乡党政班子会上得到了一致的认同。

但是，向市场推进谈何容易，余东农民画还比较稚嫩，与传统的国画、油画相比，差距较大。最主要的是，农民画的艺术风格和审美趣味，还没有能够让民众接受，因此，农民画在市场上的收益非常微薄。一些农民画家的家属就有意见了，她们觉得家里的主要劳动力画画时间太多了，田里柑橘的日常料理，还有稻子、豆子、棉花、蔬菜，哪一样不需要家里的男人经常下地劳作？日常生活的现实，毕竟是每一个农民需要天天面对的。

没多久，这些情况就传到了乡党委那里。那一天，书记把郑利民找来，两人认真分析了方方面面的情况之后，提出一个在当时非常大胆的设想：“我们给这些重要的农民画家发放基层文艺骨干补贴，每人每个月发一定的金额，你看怎么样？”

“当然好啊！”郑利民一听，拍了一下大腿说，“如果真的能够每月发钱给他们，那就没有后顾之忧啦！”

说干就干，乡党委书记立即让乡宣传委员向区委宣传部汇报，在得到“政策可行”的答复后，他让郑利民去测算一下人数以及每年发放的总预算。

郑利民一刻都没有怠慢，立即回到协会，召集了协会骨干人员讨论发放补贴的标准，初步认定每人每月200元。很快，这个基层文艺骨干补贴就落实到位。那一天傍晚，余统德回家的动静特别大，叫老婆过来的声音特别响，当他把第一次拿到的200元补贴交到老婆手上的时候，老婆眼里闪烁着惊讶:“哦，这画画还真的可以有收入呢！那我也要画！”

在2007年的浙西农村，每个月有200元的固定收入，对于农民画家个人与家庭来说，都是一件大事。画画可以拿补贴，这在农村从来没有，“余统德们”不仅收获着实实在在的补贴，更收获着区、乡党委和政府对农民画家的特殊关爱，这种社会价值的被认可，让“余统德们”走在村里的道路上，腰板都直了很多。

那段时间，余东农民画家的创作激情得到了极大的提升，郑利民、余统德、郑根良都有一个心思，那就是:“把我们余东农民画拿到省城展览去！”

看到余东农民画家一幅幅精彩的作品，许多来乡里指导创作的专业画家们也觉得农民画可以办一场画展了。乡党委书记想到了党的“三农”好政策，更想到了“八八战略”的好构想，给余东村、沟溪乡带来的翻天覆地的新变化，不禁感慨万千，于是在工作笔记本上重重写下了展览的名称：农民画，画三农！写完之后觉得意犹未尽，又草拟了一副对联，巧妙地把“沟溪”嵌进了对联:“忆往昔，沟哺才子育佳人；看今朝，溪催文明生和谐。”

几十年来，沟溪乡党委和政府持续发力，把惠民利民的实事一抓到底，他们始终呵护余东农民画家的创作激情，不断因势利导，统筹规划，加大投入，在乡财政资金较为困难的情况下，每年都安排一定数量的资金，实行以奖代补的形式，用于乡、村两级的文化建设。余东农民画家真正感受到了乡里的重视，他们说，如果没有乡党委和乡政府的真抓实干，余东农民画绝对不会有今天这样的显著成绩。

“八八战略”的宏伟蓝图和“加快建设文化大省”的英明决策，所带来的变化是全方位的。但从余东农民画这么一个小小的切口，我们可以清晰地看到：在时间上，20 年来一以贯之，咬定青山不放松；在空间上，省、市、县、乡四级党委和政府齐心协力，勇立潮头不懈怠，一张蓝图就是这样“绘到底”。

同时，正是一批真心为民服务的领导、干部，充分认识到人民是历史的创造者，应充分肯定人民在各项事业发展包括文化发展中的首创精神，因此以自己的实际行动和奋发有为，不断践行着“以人民为中心”的执政理念。

第五章

农民画的创作井喷

宝刀未老的“垦荒牛”

天时、地利、人和，余东农民画在成长的过程中，遇到了千载难逢的大好机遇，那么，农民画家自身应该怎么办？

在浙江展览馆举办“农民画，画三农”展览取得圆满成功后，郑利民、余统德、郑根良想到，一路走来的那些艰辛、迷茫，现在都成了画面深处的底色，他们眼前看到的是一片金灿灿的光明未来，犹如农民画大胆泼洒的色彩，有着夺目的光芒，还有恣意的快感。

“我们真的是遇上了一个好时代啊！”他们看法一致，现在，浙江建设文化大省的气氛这么浓重，各级领导的关心这么到位，社会各界的支持这么实在！下一步，就要看我们怎么样去搞好创作了！我们还有什么理由不把农民画的创作搞上去？我们只有用出色的成就，才能回报可敬的人民，才能回报沸腾的时代。

从此，余东刮起了一阵又一阵农民画创作的旋风，强劲的势头经久不衰。

在这一次，也是第一次的省城展览中，余统德一下子被选上了10多幅作品，并且还作为农民画代表在开幕式上发了言。这犹如在炉灶里面添了一把干柴，他的创作激情熊熊燃烧了起来。

在“农民画，画三农”展览中，余统德在两个方面进行着他的艺术表达。一是以《华夏腾龙》《硕果累累》《康庄工程》为代表，有着时代主题、规模场景和生动形象，基本上延续着《竹林交响曲》的表现风格，同时在人物造型方面更趋写实；二是以《群鹅图》《牧羊图》《荷塘鸭曲》为代表，传递生活的趣味性，有中国花鸟画的艺术追求，用笔偏向工笔画，精细而生动。

这两种表达方式延续到《纪念改革开放三十周年柯城余东农民画集》里，虽然余统德还是按照20世纪70年代《农民运动会》的思路，创作了《农民丰收运动会》一图，但技法已经慢慢趋于抽象，色彩更加大胆而浓烈，这种变化突出表现在《金秋》上。在2007年，该画获得了文化部"第三届嘉兴秀洲中国农民画艺术节暨全国农民画展"的铜奖，这是对余统德探索的一种肯定。

也就是从这个时候开始，余统德的绘画题材开始从人物造型转移到非遗文化方面，接二连三地创作了《江南水碓图》《车水图》，以及《农耕图》《舞龙图》《打年糕》《榨糖图》《磨豆浆》《做土布》《扎蓑衣》《走马灯》等。在《江南水碓图》里，水轮在激流冲击中"吱呀呀"地转动，带动石槌起落，舂米、磨粉、筛谷、踏箩次第展开，农民们有的忙活，有的说笑，有的抽烟，一幅生动的中国农村丰衣足食风俗画缓缓展开。《打年糕》则在2015年荣获了"翰墨青州·中国农民画大赛"优秀奖，并入编《全国农民绘画优秀作品集》。

记忆深处那些熟悉的场景、生动的画面，经常会像电影一样在余统德的脑海里一一流过。他太熟悉这一切了，无论是老人、小孩、鸡鸭、牛狗，还是犁耙、水车、香泡、南瓜，余统德就是闭着眼也能把这些画得栩栩如生。"农村里的很多东西，现在已经都没有了，我得把它们画下来，以后的子孙就会知道，当年的我们是怎样生活和劳动的！"余统德这样说。

余统德 江南水碓图

余统德追求的不仅是浓郁的乡村韵味，他还努力追求用笔细腻，造型生动，将自己的工笔画水准提升到更高的水平。从他的《百羊图》《柚花香》《和谐图》等作品来看，风格确实日趋成熟。

余统德的造型能力比较强，在那一代农民画家里比较突出，他在画上还原历史记忆，也为我们了解历史风俗，热爱家乡风物提供了不可或缺的生动画面。但余统德认识到，要在美术历史上留下痕迹，仅仅题材独特是不够的，还需要艺术角度的独特和艺术技法的创新。

2016 年，余统德从《闹元宵》开始有了新的突破，这表现在构图趋于紧密，整图不是一种冷静的写实风格，而是带有强烈主观愿望的抽象表现。余统德的用色很大胆，仅仅使用 4 种颜色，即红色、粉红、鲜黄、白色，就把“闹元宵”的热烈气氛渲染得淋漓尽致，作品因此在同年入选浙江省美术家协会举办的“美丽乡村——全省农民画大展”。

到了 2021 年，余统德的创作仿佛来了一个大发力：在余东村举办的“庆祝建党百年百米农民画比赛”中，他和郑位良获得了一等奖；在浙江展览馆举办的“感恩共产党，描绘新时代——庆祝中国共产党成立 100 周年余东农民画展”中，余统德的作品在 100 张展出的画中占了 13 张。这些农民画题材广泛，从20世纪70年代开始，横跨50年，目前都被中国乡村美术馆收藏。

余统德的作品具有比较成熟的艺术性，他会把一些主题性的内容平民化，没有轰轰烈烈的运动，而有细水长流、家长里短的百姓叙事，因此作品还有着难得的文献价值。

下一个阶段，余统德创作的主题有两个，一是迎接亚运会，二是农事记忆。余统德强大的实力和后劲正在不断显现中。

杭州的展览结束后，郑根良以更大的热情投入到农民画的创作中。虽然他也有《夕阳风情》《喜庆》这样的风俗画，《上梁图》还获得过文化部“第四届中国农民画艺术节暨全国农民画展”的优秀奖，但在他的笔下，更多的是《橘乡风采》《游橘乡》《歌声成流》这些围绕着“橘子”创作的作品。

余东村一直是远近闻名的“橘乡”，在全国也有着一定的知名度，每到秋天，一个个金黄的橘子挂在树上，黄绿相映，格外耀眼。特别是晚霞映照的时候，满片的田野就像镀上了一层金光，微风吹来，橘子左右摇动，仿佛在跳一支欢快的舞蹈。于是，橘子成了郑根良的“灵感缪斯”——他画得最多的景象，就是金黄色的橘子；他用得最多的颜色，就是橘子的金黄。在他的笔下，金黄的橘子仿佛会烫了你的手心，饱满的橘瓤仿佛会把果皮撑开，郑根良笔下的橘子就是如此有田野感，更张扬着生命力。在橘树林累累硕果中穿梭的农民兄弟也入画了，他们在田间地头的辛勤劳作，在金秋时节的一颦一笑，都成为郑根良画里的生动题材。这种富有生活情趣的作品，获奖也是顺理成章的：《橘乡丰收图》获得浙江“首届全省乡镇企业农村书画大赛”铜奖；《橘乡》入选“闽、浙、赣、皖四省四地第三届民间艺术节书画作品展”;《橘子红了》在“风情江南落丹青——2014浙江现代民间绘画优秀作品展”上荣获“优秀作品奖”。

但郑根良还不满足，他开始以夸张的笔调、稚拙的风格、灵动的意趣，来表达他对丰年的喜悦，创作了《喜悦》《薯干工艺》《碾米》《忆童年》等作品。郑根良的《春·采茶图》获得过中国民间文艺家协会“我们的中国梦——江西万安全国农民绘画大展”优秀奖。在这幅画里，一道弯弯的河畔生长着生机勃勃的茶树，宛如蜿蜒的长龙，一直延伸到画面之外；河水湛蓝，喜鹊高歌，白鹭飞翔，野鸭戏水；河畔茂盛，有桃花朵朵，柳枝飘动，羊群嬉戏；远处，成片成片金黄的油菜花摇曳在拂面的春风里；近景，身着鲜艳农家衣裳的采茶姑娘在旖旎的风光中劳动，这是一种怎样的心旷神怡？这分明是浙江经典音乐《采茶舞曲》的农民画再现！

这幅图画后来成了一个系列。值得注意的是，《夏·大暑》和《秋·丰年》分别描绘了集体化和改革开放的两个农村场景，记录了余东农民的历史性变化，这也是整个衢州乃至中国农民生活的一个缩影。《冬·榨茶油》中，郑根良在头像里巧妙地重现了一幅古老的榨油图像，有奇幻和夸张的描绘，仿佛油饼间已经冒出袅袅的烟雾，茶油的香味弥漫在整个榨油坊，蔓延到了整个村庄，而一双大耳朵，似乎让人们听到出油的欢呼声。这是一幅具有现代派艺术表现力的成熟作品，表现出老画家在艺术上永无止境的探求和冲劲。

此外，《农事比赛场》《“三头一掌”衢州菜》《山乡菜市》《接新娘》《唱廉政》《端午粽》则延续着郑根良最初的《飞机治虫》的风格，这些都是具有生活化场景的现实作品。值得注意的是，《文化下乡》具有套色木刻的“版味”，人物造型有些稚拙，但画面极其生动，是郑根良对绘画技法的一次探索。

郑根良 秋·丰年

郑根良 冬·榨茶油

郑根良在风格上，比较注意把握画面的形式感；在色彩上，比较喜欢用同色系，尽可能回避对比色和补色等。他一路走来，佳作迭出：2015 年 4 月，《丰收时节》在山东省美协、中国农民书画研究会主办的“翰墨青州·2015 中国农民画作品展”中荣获优秀奖；2017 年 7—8 月，《寒露》《小寒》飞到了日本东京，在“日本 · 浙江文化年——美丽浙江农民渔民画展”上展出；2017 年 10 月，《立秋》入选中国美术家协会举办的“二十四节气——柯城全国农民画作品展”；2020 年 7 月，《劳动致富奔小康》入选浙江省委宣传部、浙江省文联、浙江省卫健委联合举办的“时代答卷——浙江抗疫文艺创作特展”。有一个成语叫“宝刀未老”，看来说的就是郑根良这样的创作态势。

目前，郑根良把很大的一部分精力放在了余东民间故事的整理挖掘上，初步确定了 7 个民间故事，准备编成 7 本连环画，其中《罗汉山的传说》《洞头寺的宝藏》《乾隆罚戏》《螺蛳井的故事》已经整理好了文学脚本，《罗汉山的传说》更是画出了 20 多幅作品，后面 80 幅作品，正在组织同道一起完成。

郑华土与郑根良的创作题材有些相像，但郑根良是以物衬人，画面以人物为主，景色为人物增辉；而郑华土则是以景喻人，他擅长国画、写意画，对蔬菜、水果、田园景色有较好的创作把握，景色是他绘画的抒情元素，透过景色，鲜明传达自己丰润的情绪。

郑华土的《嘉果红金秋》《三月春风》《鸟语花香》《农家院落》《橘乡十月》等作品，都是或近景，或远景，或全景地展现橘乡、桃园、橘树、葡萄架的生动景色，将国画、花鸟画的意境，真情而巧妙地融入寻常百姓的农家农事中，画面增加了许多亲切感和泥土味，作者热爱家乡、热爱生活的感情跃然纸上。

在直接抒写现实生活方面，郑华土的《农家小院》《张西新村》，

郑华土 绿色家园

以及描绘在农家小院给孩子们讲故事的《谈古论今》，再现乡村往事的《昔日用水》，无不透出浓浓的生活气息。

从《菜园丰景》开始，到《望丰年》《今日新村》，再到《农家庭院》，郑华土的画风有所改变，他笔下的田园景色已经不是写实的田园，而是以团块形式出现的圆形色块，与以对称结构出现的建筑，形成了一种线条与色块的呼应，非常和谐与浪漫。这是郑华土农民画的新表现手法，是较为成功的一次探求。《农家庭院》因此也与余统德的《金秋》一起，入选了文化部“第三届嘉兴秀洲中国农民画艺术节暨全国农民画展”。

老骥伏枥的画家们

在第一代余东农民画家队伍里，金光炎是年纪最大的一位。这位1934年出生的老先生，1952年开始学医，1959年开始学习民间手工技艺，1970年自学油画创作，1976年发表在浙江财政厅宣传专刊上的处女作《税收带来祖国美》，充满着对祖国的爱。

2005年的《故乡情》是金光炎的代表作品。画面中，公鸡昂扬挺立，母鸡安详勤勉，小鸡快乐悠闲，造型生动、笔触饱满。在画的右上方，沉甸甸的果实压满枝头，既实现了画面布局的合理性，又透出了国泰民安的祥和气氛。这幅画在当年获得了浙江省文化厅举办的美术展览银奖，显示出金光炎不凡的绘画实力。

金光炎延绵几十年的创作，使得他的绘画成为一部村庄的历史画卷，远的如《堆稻草》《收割忙》《缴公粮》《打草鞋》等作品，都是岁月记忆的动心之作。近的如《学习园地》《老年活动室》《改水改厕》《生态农场》等作品，都是农村实现翻天覆地变化的生动写照。还有像《读廉政》《除斜清正》等作品，则为党和国家廉政建设鼓舞、呼吁，表现了一位正直老农的思想境界。还有一幅作于2008年的《打电脑》，将年画福娃与网络世界结合在一个画面上，表现出一位身处浙西山村的老画家对于外部世界的不懈探求，真正实践着他自己的人生格言——“老骥伏枥，自强不息”，而他的笔名就是“金不息”。

金光炎的实力还在于，能够把大气磅礴与精美细致的笔触集于一身。像《香荷》这样的花鸟画，水的静流、鱼的欢畅、荷的怒放，都被细腻生动地表现出来。此外，描绘寒梅的《傲梅》、描绘修竹的《清风》、描绘荷塘的《莲曲》、描绘白菜与柿子的《事事清白》等作品，也都在花鸟小品中展现了积极的时代主题，并且线条流畅、墨色洒脱。又像《山乡橘子红》这样的山水画，云雾缭绕，山峦叠嶂，在天与地的境界中抒写丰收的喜悦和生活的美满。而《乡村两岸橘子红》和《幽林村居》两幅作品，气势虽然不及《山乡橘子红》，但同样表现出中国山水的美学意趣。还有一幅《九龙湖》值得重视，这是应中央电视台《聚焦三农》栏目绘制的，图画的社会意义无需赘言，在色彩的使用上特别大胆，尤其是蓝色的湖面，蓝得鲜透，蓝得深邃，表现出老画家不懈的艺术探索和追求。

1943 年出生的谢永久，在余东农民画家里面，也算是个元老级的人物，他一直在家务农，师从他的兄弟谢诗久学习美术。

在谢永久看来，比他小 12 岁的谢诗久是个人才。1973 年，谢诗久 18 岁，《丰收景》就入选了浙江省农民美展；1974 年，诗久参加了衢县文化馆的首批美术集训班，曾得到毛翔先、林国镇、刘津朱等老师的指点。从他的《秋橘》来看，谢诗久在国画山水方面颇有基础。

师从弟弟以后，谢永久勤奋好学，以勤补拙，从最初的《山外一景》《橘乡冬景》等作品中可以看出他国画山水的功底打得比较结实，但笔触比弟弟更加粗犷一些。从《橘乡欢歌》开始，作品追求一种抽象和变形，在色彩方面也趋向大胆，《橘乡风采》因此入选“美丽乡村”浙江农民画展；到了《话丰年》《春风》《收获时节》和《向阳花开》时，谢永久的农民画风格已经成熟，构思巧妙，视角独特，画面饱满，笔触细腻。在整体营造上，注意气氛的烘托；在黄色、金黄色的色彩使用上，富有创意且错落有致，颇有一些欧洲点彩派画家的味道。

1956 年出生的张光裕也是一位活跃的老画家，他的《荷塘秋色》以青蛙为主角，造型生动，画面活跃，色彩瑰丽，因此入选“美丽乡村”浙江农民画展。同为“广场”画题，《文化广场》欢快奔放，风格粗放，动态十足，像是一幅西北户县的画作；《康乐广场》则描画细腻，结构工整，用色委婉，与秀洲农民画的风格有几分相像。而《秋》《夏忙》《抬花轿》这些作品是非常有“余东味”的，一是展现了浙西山村的生活生产景象，二是造型都有适当的夸张和变形，三是用色或浓艳，如《秋》，或单纯似剪纸，如《夏忙》。《抬花轿》在 2012 年获得“今日中国新农村——中国百县农民画大展”的铜奖，就是对他创作的充分肯定。

与张光裕同年的余志清，除了是余东农民画创作协会理事外，还是衢州市非物质文化遗产“余东竹编”代表性传承人，所以，他风格浓郁的作品如《踩高跷》《马灯会》，笔触所至，都有一些编织的线条感觉。在《田野歌声》《采橘忙》《清水河畔》《喜迎春》里，上述风格有了进一步的强化，并且还加入了彩灯制作的某些元素。到了《文化新村，小康生活》中，余志清日臻成熟，在构图造型、色彩表现上工整细腻，特别是在与民间工艺传统的融合中，有了更好的创造，这幅作品因此入选“决胜全面小康——第二届全国农民画展”。

从万月仙身上，我们则可以看到“中国大妈”永不停息的追求。1949 年出生的万月仙原来在沟溪村，因为家里穷，小学三年级就辍学在家。虽然条件差，但当木匠的父亲一直宠着她，没有让她下地种田，而是让她跟着文艺宣传队到处蹦蹦跳跳去演出。

到了 20 岁，万月仙嫁到了五十都村，操持着一家老小 10 多个人的家务，但她不愿意就这样庸庸碌碌地当一个家庭妇女，于是就到生产队的幼儿园当老师，干了两年之后，她干脆自己办了一个托儿班，一办就是 10 年。之后，她当过村文化宣传委员、地毯厂车间主任、村计划生育委员、村妇女主任、文化礼堂管理员、民政调解员等。在身份的来回转换中，她进入了老年，但还是没有停下脚步，村里的“最美艺术团”的团长是她，“夕阳红志愿服务队”的队长是她。画画、写字、唱歌、跳舞、演讲、“走秀”、拉二胡、吹笛子、吹口琴、演曲艺，哪一件事情都有她的身影。她要让夕阳红得美丽，红得耀眼。

万月仙与绘画结缘，最初是为了生计。20 世纪 70 年代，她在自己家里开办托儿班，拆下的门板就是课桌，学生来上课要自己带凳子。没有老师，她万月仙就成了“万能老师”，老师、园长、厨师都是她，教育、管理、做饭、才艺培养、生活照顾、安全负责等，也是她。仅仅一个学期，学生人数从 47 人一下子增长到了 147 人。

为了办好托儿班，没有多少书画基础的万月仙就边教边学，是典型的“现买现卖”。农村的孩子生活在自然旷野，有着野蛮生长的天性，要把这批脱缰奔马的心收拢在教室里，做读书、写字、画画这样的事情，真的太不容易了。但万月仙就有这个本事，先搞定“熊孩子”，再凭着天性聪颖和一股不服输的精神，倒能够自如地对付下来。

2012 年，已经 60 多岁的万月仙重新当回了小学生，拜泥山小学美术老师徐伶俐为师，开始学习工笔画。她主要通过画荷花来练笔。一开始，线条、色彩、构图都不尽如人意，当年办幼儿园时不服输的劲头又上来了，别人画一两张，她要画六七张，每次上课回来，就把自己关在房间里不停地画，下次上课前，都要把自己的感悟和困惑整理好，到老师那里当面请教。这样下来，万月仙的进步显而易见，线

万月仙 家乡美

条开始准确精细了，色彩变得匀称相宜了，构图有些和谐雅致了，这让教她的老师先是感到惊讶，继而觉得欣慰。

到了 2017 年，受热气腾腾的余东农民画的鼓舞，万月仙加入了余东农民画协会，由工笔画转型为农民画。转型之初，她很不适应。因为农民画与工笔画有着诸多不同之处。工笔画细腻，线条讲究工整、严谨，设色注重沉着、高雅，笔法追求绵密细致，造型崇尚写实生动，而农民画比较粗犷，讲究艳丽的色彩、丰满的构图、夸张的造型和自由的表达，这些让万月仙有点手足无措，甚至忐忑不安起来。

但是，一方面，余东农民画家兄弟姐妹们一直认可她、鼓励她，认为她有绘画功底，悟性又高，让她吃了定心丸。另一方面，协会经常开展各种交流活动，也让她悟到不少农民画创作的技巧，这让她渐入佳境。

2019 年，在江西举行的“壮丽 70 年 • 阔步新时代——全国农民画创作展”比赛上，万月仙的《十二生肖》入选；2019 年底，万月仙与余东村其他农民画家一起，到北京参加了“种文化——浙江省衢州柯城余东农民画赴京展”，她的《沟溪乡》《家乡美》《钱江源头》都以写实的笔调描绘了家乡面貌，《家园》《新村》则在图式和风格上有所创新和提高。

2020 年新冠肺炎疫情发生，她从大年初三开始，一连画了几十张宣传画，画英雄医生坚守岗位，画乡村干部开展防疫，画口罩不要乱扔，画复工复产，画健康绿码，画使用公勺公筷，还画提倡文明作揖等。这些宣传画被发到乡政府去复印，再到各个村子里去张贴。因为多了农民画这道精神大餐，万月仙的日子越过越有味。

这几年，万月仙又在电子世界中畅游，她开设了“你问我答”专栏，专门回答网民生活中的困惑。她像一位知心大姐般循循善诱，是栏目的“星级讲师”。她还在“乡村振兴大讲堂”里，用老百姓听得懂的语言，讲述自己的亲身经历，仿佛又回到担任妇女主任时的那段激情燃烧的岁月。

在沟溪乡、在余东村、在五十都村，那片美丽的土地和夕阳染红的天际，构成了一幅动态的农民画。

异军突起的毛老虎

2010年，中国文学艺术界联合会、中国美术家协会、浙江省委宣传部在浙江美术馆联合举办了“农民画时代·时代画农民——全国农民绘画作品展”。“农民画时代”展出的是全国范围的农民画家描绘时代风云的精品力作;“时代画农民”则是当代优秀画家表现农村和农民题材的佳作和近作。这个展览后来被学术界认为是浙江农民画发展至第三次高潮的标志，正如中国文联副主席、浙江文联主席、中国美术学院院长许江评论的那样:“展览充分表现辽阔文化田园中职业与非职业、绘画与被绘画的互望，并以这种方式向伟大的农民、伟大农民的精神灵魂表示时代的敬意。”

就在这样一个重要的展览上，毛老虎的《大吉图》荣获了优秀奖，郑利民的《余东新貌》、巫锡良的《百羊图》荣获了入选奖。这成了余东农民画发展的一个标志性成果。

在郑利民和余东农民画家们看来，这个展览不仅在于3幅作品获了奖，最大的收获是让大家大开眼界。农民画家与专业画家同场竞技，这是多么难得的学习机会啊！这让他们想起了2004年。如果说，6年前那一次和中国美院学生的同台交流，点燃了余东农民画家的自信之火，那么，这一次的全国大赛则让他们想得更多：一是在对全国农民画的学习中，特别是在与山东、吉林等外省优秀农民画的对比中，看到了自己这 6 年来的进步幅度；二是在和专业画家的对标中，看到了自己的明显不足，同时看到了自己的奋斗方向。

在走上“农民画时代”这一领奖台之前，毛老虎在艺术上的探索是非常曲折的。

前面说到，毛老虎人生道路十分坎坷，一直游离于乡村文艺宣传队之外。到了 2003 年，沟溪乡余东村成立了“余东农民画协会”，郑利民盛情邀请了当时已负盛名的毛老虎，他才从单打独斗转到了农民画的队伍中来。毛老虎感到与这个团队有着共同理想和追求，可以相互切磋、抱团作战，这让他很有归属感。

2006 年 10 月，毛老虎参加了在杭州举办的“农民画，画农民”展览，他有 5 幅作品参展，都与可爱的动物有关。《甜蜜》画的是蜜蜂，《晨曲》画的是牛群，《勤》画的是勤快的老母鸡，《大吉图》开始出现高歌的雄鸡，而《八雄图》则有毛老虎画鸡的雏形，图画摒弃了所有的生活背景，仅以鲜艳的红色打底，画面主体八只雄鸡，放弃现实中的五颜六色，而全部以金色出现，这样的表现已经有了初步的抽象性。虽然与后面成熟的作品相比，《八雄图》因在构图上缺乏变化而有些呆板，雄鸡形象有些疲弱而缺乏雄风，但不管怎么说，这幅作品至少是毛老虎“雄鸡图”系列的最初探索。

虽然《八雄图》放在展览最后一排，而且还是在背面，但因为画风独特，还是吸引了众多前来观展的领导和专家的目光，他们站在画前议论了好久。著名画家朱仁民教授更是主动走到毛老虎旁边，对他的作品进行了指点，并且建议：将画面延伸，要在构图上下功夫；仅仅把雄鸡放在中间，视觉的张力不够，而是应该将画面撑满；不用把雄鸡画全，这样就会给人以大量的想象空间，画外有画。

朱仁民教授是国画大师潘天寿的亲外孙，幼年寄养在外公身边，从小耳濡目染，眼界开阔，造诣颇深，并且有自己独到的艺术理念，他在指导舟山渔民画方面经验丰富，成绩斐然，他的建议让毛老虎豁然开朗。从杭州回来以后，毛老虎就专门从自己身边最熟悉的家禽入手，锁定“大公鸡”为绘画的主题。

当然，毛老虎尝试过山水国画，如描绘昔日樵夫的《深山砍柴有桥归》，描绘现代生活的《春晓山乡》，也尝试过具有年画意味的人物画，如画福娃的《童趣》，儿时剃头的《农家小院》。这些作品绘制得比较用心，但不及他的家禽动物画来得生动有趣，像《放鸡》，是生活场景中的农妇与鸡，《赶牛车》是劳动现场里的农民与牛。可以发现，当毛老虎的画面出现动物时，就会有一种格外亲切与安静的感觉。表现活鱼的《莲洁鱼乐图》，表现和平鸽的《展翅图》，还有表现“高山草鸡欢”的《养殖场》中，他又摒弃了背景与人物，突出表现了动物的千姿百态。在《养殖场》上，毛老虎还兴致勃勃地配上了一首“打油诗”：“浙西衢州多特产，柑橘茶叶全国香，更有高山养殖场，草鸡喔喔美名扬。”通过诗歌，可以看到毛老虎对动物，特别是雄鸡别有一番感情。

在毛老虎看来，雄鸡有五“德”：头顶鸡冠，是为“文”；足披麟甲，是为“武”；按时啼鸣，是为“信”；有食皆呼，是为“义”；有敌来犯必斗，是为“勇”。从这样深刻的认识可以看出，毛老虎对雄鸡已经不仅仅是一种热爱，还寄托了他的人生价值观。

在《大吉图》的创作过程中，衢州市美协主席王集法又给了毛老虎许多启发。王集法对毛老虎说，做人要老实，但画画不能太老实；如果画得很像，太写实，还不如去照相；艺术完全应该展开想象，特别是鸡冠、鸡爪部位，都要夸张一点，通过这样的夸张来表达自己的

毛老虎 大吉图

2010 年，中国文联、中国美协、浙江省委宣传部联合举办“农民画时代 · 时代画农民——全国农民绘画作品展”，该画荣获优秀奖，这是余东农民画发展的一个标志性成果。

心情。此后，毛老虎画的鸡冠有的大如斗，有的美如花；鸡爪则抓力极强，定力十足。而且，在朱仁民教授的启发下，毛老虎还赋予健硕的雄鸡一种金属质感，这种质感像是由铜片敲打出来的，现在已经成了毛老虎雄鸡一个别致的艺术特点。

有名家老师对症下药的指点，再加上天天观察雄鸡，有着深厚的生活积淀和深刻的感悟，毛老虎以雄鸡为主题的《大吉图》在“农民画时代•时代画农民——全国农民绘画作品展”上自然是一炮打响，摘得了最高桂冠。在这幅画中，几十只肥硕的大公鸡集中在一起，鸡与鸡首尾相接。画面以柠檬黄打底，覆盖上橘红色，鸡冠用大红提色，鸡尾长羽则红黄相间，雄鸡羽毛光鲜，腿脚健硕，红冠白嘴，非常夺目。整个画面色彩斑斓、亮丽，用同一个暖色系，色彩协调而富于层次。为了活跃画面，毛老虎还用一只蹦出的绿色蚱蜢作为点缀。整体布局密中有疏，生动有趣。

著名花鸟画家罗剑华曾经围绕《大吉图》，在余东农民画研讨会上作了深入的剖析。罗剑华认为，这幅画之所以能够一枝独秀，主要是毛老虎非常用心地去创作。在色彩上，他使用了人们喜闻乐见的“中国红”，整幅画里大面积地使用深红颜料，把整体氛围烘托得非常喜庆，也非常契合中国人传统的审美情趣和当下农民获得的幸福体验；底色用黄色渲染，不但衬托出公鸡的高贵不凡，而且带给人们视觉上浮雕般的享受；在造型上，线条用笔粗犷劲健，特别是公鸡的形象有木刻、铜片的质感，非常符合公鸡的体貌特征和雄壮威武的个性；在构图上，饱满的构思呈现出外撑的张力，给人一种强烈的画外有画的感觉，引发人们无穷的想象；而画面中间绿色的蚱蜢，除了色彩上有一种跳动的效果外，更重要的是让公鸡的焦点都集中于此，观众的目光也因此聚焦。

毛老虎　春江水暖

毛老虎　春晓

《大吉图》以后的毛老虎，似乎找到了自己对世界和生命的倾述点，画鸭子的《春江水暖》、画鸽子的《和平之歌》，先后在中国民间文艺家协会组织的美术展览中获得金奖和银奖，在江苏南京、江西万安等地的全国农民画邀请展览上也获得了众多好评。

毛老虎的《春江水暖》中，暗绿、淡灰和咖啡色构成了画面的主色块，麻鸭的鸭头较大且呈橘红色，成了画面的点睛之笔。流水的细节蕴含多重意义：一是静流之水点明了初春的季节；二是点缀其间的粉红色花瓣增加了喜气；三是漂移的流水不仅具有动态感，还具有旋律感，让“春江水暖鸭先知”的意趣得到了很好的表达，更重要的是，表现了农民兄弟对翻天覆地的变化发出的内心喜悦。

毛老虎的《和平之歌》以粉紫打底，黑线勾勒，洁白的羽毛和纯洁的蓝天构成美丽平和的画面，鸽子的脖颈处画上蓝色的脖圈，蓝得醒目，蓝得俏皮，趣味十足。

看到公鸡、鸭子和鸽子竞相出现在毛老虎的画笔下，我开了一句玩笑：“你现在可是海陆空三军司令了啊！”毛老虎听到一怔，很快就发出爽朗的大笑，相信 7 岁的毛老虎成功做出简易二胡的时候，应该也是这般开心。

毛老虎喜欢画大公鸡，还有一个深沉含义：“我们祖国的版图就像一只大公鸡，每次我画大公鸡，都是在为我们伟大的祖国祝福！”说这话的时候，毛老虎的声音很轻，但透出的是一种深沉的爱。

守中求变的郑利民

2003年郑利民担任沟溪乡文化站站长之后，余东农民画有了一个持续的发展。他既是余东农民画创作团队的倡导者、组织者，也是致力于艺术风格创新的开拓者、传播者。

现在看到的郑利民的农民画，有着一种夸张变形的风格。在形成这样的风格之前，郑利民的国画山水和书法是有些功底的，他的“坚守”，正是继承了中国绘画的传统，同时也借鉴了户县农民画的写实风格。

在2006年的“农民画，画农民”展览中，郑利民一共有7幅画入展，无论是构图布局、水墨晕染，还是线条走势、宽阔视野，无不透出他多年学习中国画的努力和体悟。当然，其中还有些不同的呈现，《三衢风貌》《溪山橘柚图》《溪山雪霁》《沟溪人家》更偏向一种旷达悠远、深邃厚实的意境，融笔墨于山水，以山水抒心意，树木葱茏，气韵流动。而《文化新农村》《旧貌新颜》《电影下村》在古意山水画的基础上，融进了当下社会生活的许多影子，既不是简单图解现实世界的美好场景，也不是脱离烟火、天马行空的自得其乐，而是在淋漓山水的背景下，将新农村的美好风貌更艺术地表现出来。

在后来的创作中，郑利民一直在写实风格与抽象夸张之间徘徊。

他在探索自己以及余东农民画独特的本体语言方面，做了一年又一年的努力。

一方面，郑利民还驾轻就熟地在写实绘画中，继续发挥着他的才干。2008年，在“纪念改革开放30周年——余东农民画专题展”上，郑利民有着上佳的表现。

无论是《文化新村》《今日新村》《农村新貌》《橘乡风采》，还是《三农秋色》《山乡秋景》《农家游》，或者是《清莲》《清泉》《清明》的“三清”系列，作品的写实风格都很清晰：一是画面有透视感，郑利民依托小路的延伸，或者河流的蜿蜒，或者像《广场文化》那样在前景中画上一些桃花等，增强画面的景深；二是线条勾勒规整，利用建筑的几何线条，让画面多了些许节奏韵律，这在《古街一角》《秋风》等作品中表现突出；三是色彩使用本分，都是呈现现实生活中的色彩，白墙黛瓦的绘制既强化了作品的美感，又让画面有了一些恰到好处的“留白”。总之，郑利民的这些作品都是中规中矩的现代风俗画。

2010年，在“农民画时代•时代画农民——全国农民绘画作品展”上，郑利民的《余东新貌》荣获了入选奖，并被浙江省美术馆收藏。这可以看成是他在写实现代农民风俗画方面的集中表现。

在这幅作品中，绿色是画面的主色调，房前屋后果树葱茏，以黄色点缀的果实压满了枝头。画面中间是开阔的、淡绿色的篮球场，一群学生正在球场上争抢篮球，他们身着红白两色的球衣，在一片绿色中显得有些跳跃，一如他们跳跃争抢篮球的身影，视觉因此有了动态的中心点。整个画面以篮球场作为上下分割，上部画面是一排排白墙黛瓦的农家新居，整齐划一的线条是安逸稳定的隐喻，挂满灯笼的红色是红红火火的象征。下部是村口一个巨大的现代牌楼，上面书写着“余东村——农家生态旅游村”，很多背着挎包的人在村子里进进

郑利民　生态新村

郑利民　人生路

出出，显然是慕名而来的外地游客，两只鸽子则安静地停在牌楼上，以一种满足的目光看向眼前富足安康的一切。值得注意的是，牌楼以黑色呈现，与上部的白墙恰好构成了一个色彩的对比，并且稳定了整个画面。由此可见，郑利民的这幅作品凝聚了他的许多心血，也体现出他在构图、色彩等方面的追求和探索。

郑利民在 2010 年获奖之后，画风有了很大的改变，以目前可以看到的作品而言，他开始慢慢探索一种新的风格和手法，主要通过平涂的色块，来表现农民画的艺术意蕴。

2012 年，《人生路》标志着郑利民农民画创作的重大转型，具有一定的实验性。在画中，一张具有毕加索风格的变形大脸居于正中，仿佛正在大声诉说着人生的故事。在大脸的四周，辛勤的耕种、快乐的赶集、田间的整理、孩子的学习、丰收的舞蹈、节日的喜庆、晚年的安逸等人生画面递次展开，有着加西亚•马尔克斯一般的叙事手法，只不过不是《百年孤独》，而是一个农民的“人生之路”！作品因此获得了“2012 年中国农民画艺术节 • 全国农民画展”的银奖。可以看出来，这幅作品与嘉兴秀洲农民画的代表作——缪惠新的《乡情》有着异曲同工之妙。

2014 年，在由中国民间文艺家协会举办的“青山绿水中国梦——全国农民画展”中，郑利民的《共建生态家园》荣获铜奖。在这幅作品中，郑利民又回归他擅长的风俗画技法，但已经慢慢跳出写实表现，而转为一种抽象性和主观性。图画以蓝色为基调，以大俱源溪水为主线，对整个画面作对角线切割，小桥流水，亭台楼阁，内容丰富；村民们有的耕种劳作，有的担水浇园，有的泛舟河上，有的修筑公路，有的嬉戏闲聊，有的欢快骑行……画面已经不是具象性地再现人物和场景，而是对丰富生活进行概括之后，有意识地进行抽象性展现；画面结构上，紧密的房屋建筑与疏朗的河水田地，构成了详略得当的叙事风格；色彩运用上，不再拘泥于实际景色的色彩表现，而是黄、绿、蓝、棕、黑彼此呼应，以整个画面的和谐统一为艺术追求，红色的卡车和挖掘机，形成了色彩的一个亮点，没有突兀之感，反而激活了整个画面。

2015 年，郑利民又创作了一幅与 2008 年作品同名的《文化新村》，获得了“翰墨青州·中国农民画展”金奖。在这幅画中，他已经呈现出完全不同的风格，作品的构图虽然还是和前作一样，是一种全景式的表现，但在色彩的运用上则非常大胆，以“红色”为主，桃红、大红、枣红、紫红交错呈现，以暖色调的“黄色”区隔空间，点缀着少许“绿色”以形成艺术的变化，通过色调表达红红火火的生活状态。在这幅画中，连河水都是泛着涟漪的红色，由此可以看出，这样的色彩表现，已经不是自然的反映，而是心灵的表达。郑利民的农民画创作已经实现从景观模仿到内心抒情的转变。

按照这样的创作技法，同年，郑利民的《丝府古镇》荣获了“一带一路”全国农民画金奖。

2016 年，郑利民创作了《生态新村》和《农家喜事》，这两幅作品有两个共同的特点：一是都以蓝色为主色调，让画面保持了一种和谐稳定的感觉；二是在蓝色的基础上，运用白线勾勒描绘，产生了蓝印花布的艺术感觉，艺术效果非常独特，中国风格扑面而来。两幅作品因此都取得了好成绩：前者在中国美术家协会举办的“希望的田野——中国农民画展”上摘得金奖；后者则获得了浙江省美术家协会举办的“美丽乡村——全省农民画大展”的优秀奖（活动的最高奖）。

绘画审美有两种，一种是“像”，这个大家都知道，另外一种是“不像”，许多职业画家也许都求不到“不像”，而农民画家依靠艺术本能和天赋，却能够画到“不像”。2017年，中国美术家协会举办的“二十四节气——柯城全国农民画作品展”中，郑利民的《九华立春祭》荣获了最高奖，这幅画代表着他绘画语言的突变。

一是郑利民农民画的人物造型已经不是具象化的表现，而是抽象化的传达。他回避了结构、透视的要求，而追求一种气氛的营造、情绪的宣泄。

二是郑利民农民画的构图很饱满，是一种全景式的表现，细密型的整合。特别是后者，在他的笔下，很细小的东西也可以被表现得很丰富，所以他的画是农民画里面的工笔画。画如其人，这倒是符合他做会计的性格。

三是郑利民农民画的装饰性、陈设性都比较强，图案变形抽象。他以美术为抓手，用装饰性、乡土味，加上专业创作的功力，传达绘画的艺术趣味。另一方面，装饰画容易被市场所接受，可以走向商业画，这也为余东农民画更好地走向市场埋下了精彩的伏笔。

四是郑利民农民画在色彩搭配上有借鉴西画的地方，他追求大色块的呈现，整体和谐且醒目。也结合了刺绣、蓝印花布、青花瓷、木版画、壁画的一些元素，进行综合改造而创作。在郑利民的笔下，色彩不具有写实意义，而是反映着他内心的情绪，因此是“心象的色彩”。

可以看到，郑利民通过自己艰辛的艺术探索，已经渐渐有着自己较为完整的创作思想、较为固定的表现形式，他很好地“承接”传统绘画的写实风格，又“开启”了农民画夸张变形的个性表达，从此将余东农民画带入了一个新的绘画本体语言之中。

郑利民在推动余东农民画发展的时候，也推动着家里的孩子进行艺术实验，因此培养出两位优秀的“画二代”，那就是儿子郑孝增和儿媳妇方丽。

郑利民　九华立春祭

这幅作品在 2017 年中国美术家协会举办的“二十四节气——柯城全国农民画作品展”中荣获最高奖。这幅画既代表郑利民绘画语言的突变，也是余东农民画绘画风格转型的代表作。

郑利民与儿子郑孝增、儿媳方丽研究创作农民画。

郑孝增是1983年出生的，原来在浙江师范大学学电子商务，毕业后在衢州工程技术学校当老师。因为学校在余东村有美术教学点，一来二去的，他慢慢了解了农民画创作，也更理解父亲热爱这项工作的意义和价值，因此萌发了创作农民画的冲动。在父亲的悉心指导下，2006年“农民画，画三农”时，他的《金秋》《九龙秋景》就颇有了一些国画山水的气象；以后的《沟溪码头》《沟溪桥头》《体育小康村》延续着这样的风格。虽然笔触还比较稚嫩，但他成长空间大，一步步走向了成熟。到了2016年，《生态家园》已经从具象走到了抽象，出现饱满的构图，大胆的用色，画风清新，入选了“美丽乡村——浙江农民画展”；再后来，被收入“种文化——浙江衢州柯城余东农民画进京展”的《春分》《家园》两图，还有入选“决胜全面小康——第二届全国农民画作品展”的《创新实干奔小康》，都更加完善了业已形成的抽象派画风。

郑孝增 创新实干奔小康

方丽 新时代，新跨越

是不是画画的人会有特别的气质？反正同年的方丽一下子就爱上了这位大她几个月的小哥哥。方丽在衢州学院学的是中文，到大成小学当了语文老师，2011 年嫁到郑家之后，把业余时间都倾注在了画画上，先是学习国画山水，后来开始画农民画，与郑孝增书写着夫唱妇随的好故事。也许是有文学的修养，再加上公公的因材施教，2014 年，方丽一参加农民画比赛就出手不凡。到了 2019 年，方丽的 4 幅作品《欢乐时光》《立夏》《收获》《幸福家园》，农民画的韵味更加浓厚，她没有受传统绘画的约束，在构图、用色、趣味等方面突出自己独特的感悟，既有抽象概括的影子，又有剪纸编织的图式，个性十足。2020 年，她的《新时代，新跨越》在“决胜全面小康——第二届全国农民画作品展”上，荣获“入会资格一次”（最高奖），这也是对她艺术风格的一次褒奖。

不断开拓的生力军

就在郑利民“守中求变”的同时，一支题材多样、技法多变、人数众多的余东农民画队伍也慢慢成熟起来。

2010 年，在“农民画时代•时代画农民——全国农民绘画作品展”上，巫锡良的《百羊图》荣获了入选奖。

在巫锡良以画“羊”为特色之前，曾经在人物画方面，做过多方面的尝试，有表现妇女编织毛衣的《织》，表现老人门前纳鞋的《勤》，还有表现骑牛晚归的《牧童》，都用了传统中国画的笔意，有着田园的意趣。《小憩》虽然是一幅描绘休憩老农的人物画，但在呈现上，暗色打底，虚化了环境，把人物和橘子、南瓜、藤叶等农作物放在突出的位置，用色彩加以强化，形成了一个色系的反差，以突出人物。

1974 年出生的巫锡良，完全是凭着一股子热爱，坚持农民画创作。他初中毕业后，到职业学校的公关班读书一年，之后，到了一家私营皮包公司做包装业务，赚不到钱，就回家种橘子，开三轮车，为了生计忙进忙出。

2005 年，巫锡良跟着有些亲戚关系的余统德学画画，他的主攻方向就是“羊”。“百羊图”是余东农民画中最有代表性的主题之一。前面说过，余统德于 2000 年创作过《百羊图》，差不多同时，巫锡

余东农民画家巫锡良

良也创作了《牧羊群》，还有《山羊开泰》。这些“羊”画，无论在形态上还是在构图上，都保持了极强的写实气息。

2010 年，他参赛并获奖的《百羊图》开始采用相对抽象的装饰性语言。后面的创作中，巫锡良的创作都没有离开“羊”。2017 年,《冬至》入选了“二十四节气——柯城全国农民画作品展”；2020 年，“决胜全面小康——第二届全国农民画作品展”中，他的《吉祥图》又获了奖。

巫锡良画“羊”继承了古代线描的传统，他依靠会纹样的优势，用不同的材质、不同的色彩和不同的制作方式，让同样的主题和构图产生不同的艺术效果。他的作品或者吸收了剪纸的风格，白底红羊，显得喜气洋洋；或者融入蓝印花布的意象，蓝底白羊，拙中见巧。有时，那些白底蓝羊，又有着青花瓷的味道，让你欲罢不能；有时，他阴刻、阳刻，版画、木刻齐上阵，他的“羊”让人眼花缭乱。

当然，巫锡良比较谦虚，他觉得自己的画太写实了，以后还要再夸张一些，抽象一点。他比较清醒地认识到，自己造型能力的基础还是不够，“夸张”和“抽象”倒是可以弥补自己创作上的一些不足。在他近期作品中，“羊”的母题甚至以近乎符号的形式表达了出来，这是巫锡良的探索。

在不断壮大的余东农民画家生力军队伍中，兰根良是一位值得一写的人物。

我是在采访毛翔先老师的时候第一次听到“兰根良”这个名字的，并且还听到了关于他和毛翔先的一个小故事。

故事很简单。1978 年，毛翔先调往杭州工作，这就意味着他不能再去余东村给农民画家们辅导创作了。这个消息传出来后，在一个傍晚，兰根良来到了毛翔先的家里。毛翔先把门打开的时候，看到他拎着一条新鲜的五花肉，在夕阳的背景之下，构成了一幅绝佳而凄美的剪影。再听兰根良说话，声音里面似乎有一点哭腔：“毛老师啊，你真的就要走了吗？你还会来教我们画画吗？你不来教我们，我们画画有啥意思啊！”说着说着，兰根良声音越来越高：“你走了，以后我不画画了，我要去学针灸，当医生！”毛翔先在叙述这个故事的时候，语气平稳，但故事本身却把与兰根良的那份师生情谊和兰根良的做人义气凸显得活灵活现，感人至深。

第二次听到“兰根良”这个名字是在采访郑利民的时候，我又听到关于他的一个小故事。

故事还是很简单。2000 年，郑利民从原来的大镇航埠调到了余东村。当时余东村的“穷”是出了名的，兰根良因为家里穷和其他原因，没有及时交农业特产税。那天乡、村，还有税收部门的干部一起上门，想到他家里搬家具抵税，有好心的税务员提醒他和他老婆出去借钱，

巫锡良 百羊图

兰根良 生态养殖

意思是叫他出去避一避。当晚一大群人果然来了，一看：门，没有装上；墙，还是泥胚；窗，只有架子孤零零地瞪着无力的眼睛，没有一块玻璃。“确实是穷到家了！”一群人只能悻悻而去。

2021 年 9 月，我走进兰根良在高塘村的家里，这是一幢三层楼的房子，那种贫寒窘迫的景象已经成了过眼云烟。虽然已经到了秋天，但南方的“秋老虎”仍然肆虐着浙西大地，兰根良光着膀子热情招呼着我，仿佛见到了一位久别重逢的老朋友，没有任何的生疏和距离，让人徒生了一种亲切感。

“为什么去画画？”兰根良重复了一下我的提问，之后说，“我就是为了做油漆师傅去学画，学画以后好多赚钱，年纪大了以后，做不动了，再去画画。”他边说边递上了一支香烟，我们就这样坐在一条长凳上，他光着膀子，我卷着裤脚，嘻嘻哈哈地谈开了。

兰根良很机灵，也很有悟性。在表现对象上，他画的绝大多数是瓜果蔬菜，“这些都是我周边看得见、摸得着的东西，眼睛闭上，都能够画出来的”。他哪里是“眼睛闭上”画的，相反，是眼睛睁得大大的，观察那些瓜果之间的不同点，不画画不知道，一画就会发现，不同品种的瓜果蔬菜，就是叶子都是不同的，南瓜、冬瓜、丝瓜、苦瓜的外形也有区别。兰根良赋予了丝瓜的每一条线条，青菜叶子的每一根叶脉以生命。在色彩运用上，他是有一些天赋的。他的色彩浓艳淳朴，生机勃勃，仿佛是给瓜果蔬菜都披上了一件件美丽的衣裳。再有一点，兰根良笔下的许多瓜果蔬菜被夸张变形了，透露出来的是一种天真烂漫的感觉，仿佛又是一篇篇可爱的童话，像他的《高效农业》，无论是获得 2011 年“吉林东丰”全国农民画优秀奖的，还是另一幅同名的、在 2016 年“美丽乡村”浙江农民画展览上获奖的，都是充满这般意趣的好作品。

2015 年，兰根良将两幅作品送去“翰墨青州·中国农民画大赛”，结果都获得了佳绩。《火红的日子》有一种夸张的笔意。满目的果实，无论是树上的还是箩里的，一个个都要比人大，这是一种丰收喜悦的艺术化表达。《生态养殖》以红、白、黑紫三色描绘了农民劳动的快乐：那红的，是几乎占满画面的蓬勃果树；那白色，是游弋水上、千姿百态的鸭群；那水流，本来可以用其他颜色表现，但为了突出画面色彩的效果，而大胆地使用了黑紫色。从这里也可以看出农民画家奔放、不拘的气质。也许在兰根良的眼里，这幅画其实是他的一首抒情诗，如果不是这样，他就不会在池塘四周全都画上粉红的桃花，就不会把数百只鸭子画成白鹭一般，让它们悠闲地穿过桃花下面的流水，从四面八方游向中心，让画面有了一种律动感，让人联想到唐代词人张志和的名句：“西塞山前白鹭飞，桃花流水鳜鱼肥。”

兰根良还有一件得意“作品”，那就是他的儿子蓝慧平。当我提出要去采访他时，兰根良说：“有什么好采访的？那个浑小子！”话是这么说的，眼里却藏不住那份喜滋滋的神情。

“那个浑小子”出手还真不凡，成名作《桃花三月》中，红色的桃树繁荣茂盛，白色的兔子活泼可爱，整个画面干干净净，第一次参展，就成了“美丽乡村——浙江农民画大展”的入选作品。《春光》在人与果树比例上艺术地“失调”，颇有些独特的想象力；《丰收》的色彩运用大胆，造成了画面的跳跃感；《踏春》则以一对夫妻走在长满鲜花的田野、踏上打工之路的背影，勾画出新一代农民融入城市的精神面貌。在他的笔下，离开家乡不再是背井离乡的凄惨，一轮红日是追求的前方，一朵故乡的云是乡愁的回响，与大红大绿的热烈相比，主调蓝色有些浪漫，多些缠绵，这样的意境，这样的心态，是一代新人幸福而达观的写照。

2020年，蓝慧平的《致富人家硕果香》入选“决胜全面小康——第二届全国农民画作品展”。比较有意思的是，父亲兰根良也以一幅《脚踏实地奔小康》入选了同一个展览。父子同台领奖，不知兰根良会用什么样的眼光、怎么样的口气去招呼“那个浑小子”？

第六章

农民画的大家庭

余春良余良珠那两家

打虎亲兄弟，上阵父子兵。在余东村，有个喜人的现象就是，许多夫妻、兄弟、父子（女），甚至第三代的孩子，都是农民画创作的积极参与者，都与余东农民画有着千丝万缕的联系，编织着农民画队伍的精彩梯队。

先说余春良一家。1953 年出生的余春良曾任余东村党支部委员、经济联合社社长、村务监督委员会主任，也是余东村文化中心主任。对于农民画，他是零基础，完全是村里的农民画热潮把他一步步推向了美术天地。

农村里的能人都有一个特点，虽然文化不高——别说上过什么大学，就是正规学校也没上几年，但是他们都充满着智慧，并且悟性极高。

在余春良的创作初期，虽然《马年大喜》已经有人物集合于一个画面的特点，但人物还偏向于写实，现代感还不是很强；到了《文化广场》《庆丰年》的时候，人物的夸张变形，色彩的大胆和谐都有了长足的进步，现代画风扑面而来。2016 年，在“美丽乡村——浙江农民画展”上获奖的《美丽新村》，则是他艺术创造的一幅代表作。

这幅作品的构图巧妙，一条清澈的河流将画面分成了两

余春良 脚踏实地

半，两岸风格各异的农村民居错落有致，栉比鳞次；堂前屋后的树木根深叶茂，繁花似锦；河面上，大大小小的鱼儿向着一个方向快乐畅游；河两旁，熙熙攘攘的游客悠闲自在地行进在大街小巷中。这是一幅安逸幸福的民间风俗画。

这幅作品的色彩也巧妙，以深蓝、浅蓝、淡蓝、淡灰作整个画面的主色调，显得和谐自然；类似于栀子花的白色，还有少量白墙交错其间，把中国画的“留白”运用得恰到好处，显得疏朗有致；几个人物的衣服用金黄、鲜黄、橘黄点缀，画面因此有了跳跃，充满活力和生气。从这些色彩的运用可以看出，作者是独具匠心的。作品不是一个自然景观的再现，而是基于整体艺术构思需要而精心安排的，所以这样的构图和色彩都具有强烈的主观感受。

这种主观感受是有着深厚生活基础的。我与余春良交流时，他讲不出什么道道来，“反正这样好看，就这样画了”。完全是一种原始艺术感觉的自然流露。

余春良的家是一个布局呈“田”字形的老房子，有一口透光的天井，下雨的时候，雨水顺着屋檐往下流，形成四道小小的雨帘，“滴滴答答”犹如童话世界。去了余春良家几回后，我突然发现，《美丽新村》的画中景色应该就是他家屋顶望过去所看到的那条河流，那个门前小广场，它们都是余春良看了一辈子的景色。这样的画面，用农民画兄弟的话来说就是：“闭了眼，我也能够画出来！”生活是一切艺术创造的来源，这话在余春良身上再一次得到了验证。

余春良的妹妹余良珠曾经是余东村的妇女主任，在哥哥的影响下，也拿起了画笔。如果哥哥的画是巧妙，那么妹妹的画是细腻。《披星戴月》有一种剪影的韵味。获得 2014 年“青山绿水”全国农民画银奖的《放飞梦想》，则是一幅很别致的作品：在蓝天白云间，一群鸽子围成一圈，天是湛蓝的天，云是中国年画随处可见的“吉祥云”，再看鸽子，颈部是粉色的，羽毛则以咖啡色为主，以黑线勾勒，以粉色点缀，整个画面安静、吉祥、浪漫，表现出女性画家的细腻。

余良珠的儿子余宏伟在母亲悉心辅导下，也成了余东农民画的后起之秀。这个 1993 年出生的年轻人的《晚归》《出工》《赛龙舟》，虽然线条、涂色方面还有些稚嫩，但已经显示出他很好的潜力。到了《橘乡情》时，造型能力和用色水平有了明显的提高。《春天里的故事》则在农民画的意趣、构图、色彩方面成熟了，作品有动感，也有张力，是余宏伟最初的代表作，在 2014 年浙江省美术视觉展获得了优秀奖。

余春良的女儿余云梅 1982 年出生，17 岁初中毕业就去了义乌小

余春良与女儿余云梅共同创作农民画。

商品市场卖笔、卖袜子，后去温州灯泡厂搭钨丝，再后来到深圳电子感应厂组装零配件。是浓浓的乡愁，像一根无形的绳线，把那颗漂泊的心慢慢地拉了回来。在余西村结婚、生子、开店期间，只要一回到娘家余东村，她都会看到父亲孜孜不倦画画的背影，还会听到父亲念叨画画的好处。就在这样耳濡目染之下，少年时嬉戏打闹的“八间头”老屋，又成了余云梅创作农民画的新课堂，从此创作热情一发而不可收。

如果说，父亲余春良的《美丽新村》是从自家屋顶看风景，那么余云梅的《绿水青山》，则是从婆家余西村的角度来看余东村的娘家。与她后面成熟的作品相比，这幅画色彩斑斓，尚缺乏一种统一协调的色彩表达。到了 2014 年，她的作品《生态家园》入选“青山绿水——全国农民画展”并获铜奖。此时，她在色彩的运用上已经不拘泥现实的景象，而追求艺术的风景，也就是色彩统一、和谐、悦目了，较之前已有明显的进步。

在我看来，《聚焦农村》是余云梅比较重要的作品，显示其不俗的艺术感觉。画面上，金黄色的向日葵占据了三分之二的空间，呈现一片热闹非凡的景象。但余云梅的色彩处理比较克制，以人物、耕牛和绿叶间隔金黄色，所以显得繁而不乱，远处黑色的屋顶、白色的墙壁、红色的廊桥让画面显得有纵深又鲜活。

《桃花源》是一幅恬静优美的风情画。白云和河流上下呼应，仿佛在进行贴心的对话；直线飞翔的鸽子，曲线移动的羊群，视觉上充满动感；绿色、黄色、红色、黑色的树林果实累累，掩映其间的村民住房黛瓦粉墙，透出蒸蒸日上的生活；远处大片油菜花开了，一直延伸到了山峦起伏的尽头。余云梅对于色彩，有着一种天生的悟性。

在肥沃的土地上，只要勤快地耕耘，大自然就会给你丰厚的回报。2017 年，余云梅的《雨水》，荣获了“二十四节气——柯城全国农民画作品展”的优秀奖；2020 年，她的《小康带来乡村美》更是在中国美术家协会、浙江省文联主办的“决胜全面小康——第二届全国农民画作品展”上获得了最高奖，余云梅的创作因此走向了成熟。

现在，余云梅在余东村的研学基地，与几个农民画姐妹一起轮流当老师。来余东村学习的学生，从小学到初中都有，还有通过孔子学院来中国体验生活的外国留学生。那些留学生结束在衢州南孔庙的参观后，一车一车地进了村，来了之后特别活跃、兴奋，在农民画小老师的指导下，都想画画，不想走了，临告别的时候，个个都是依依不舍的样子。

2005 年出生的何媛媛是余家的第三代，她是余春良的外孙女、余云梅的大女儿，虽然目前还在衢州中等教育学校就读美术与设计专业，但已经有着独特的绘画感觉，她在中学美术老师欧阳伊甸指导下

余云梅 绿水青山

谢曼婷、王馥怡、何媛媛
热土上的青春

完成的《热土上的青春》，呈现出一种与传统余东农民画全然不同的风格。

这幅作品的创新表现在三个方面。一是题材上，截取了校园生活的数个场面，有上课、实验、讨论等场景，还有对网络远程教学的描绘，统统集合在一个画面上。作者把构图的重心放在运动场上跑步的学生，使得画面充满着一股蓬勃朝气，跑步冲刺的彩带与蜿蜒的河流叠加在一起，有一种浪漫灵动的意趣。二是色彩上，巧妙而大胆。巧妙在于，很好地利用了校服的蓝色，统一了整幅画的基调，又利用跑道的红色，形成鲜明醒目的对比，因此活力四溢；大胆在于，将树枝的绿色自定义为阳面，黄色自定义为阴面，因此整个画面和谐稳定。三是创意上，没有细致刻画所有人物的面部表情，而是以运动的肢体语言表达情绪，避免了造型能力还不足的短板。所有的物体包括讲台、电视、钢琴都是方形的，而树木则是三角形，具有抽象的美感。特别是画面下部的暗影中，画上了农村生活中常见的剪纸，使得现代风格的抽象绘画与传统意义的民间手艺交相辉映，传统与创新并驾齐驱。

我们可以把这幅画看作余东农民画第三代传人的一个艺术宣言，它彰显着余东农民画的接力赛，就在这样的岁月变换中悄然开始了。

余统德余统善那两家

余统德有个哥哥叫余统善，篾匠出身，1948 年出生，比余统德大两岁，他继承了父亲余三古一手的篾匠好手艺，编箩筐、凉席不在话下，编的飞鸟走兽也是惟妙惟肖。因为家境不佳，他小学毕业之后就开始做起了篾匠活计，一做就做了 60 多年，又因为父亲早逝，他除了要用稚嫩的肩膀扛起生活的重担，还把四弟也带成了能干的篾匠。2012 年，余统善被浙江省文化厅授予“省级文化示范户”“省级民间优秀艺术人才”称号；2015 年被评为衢州市工艺大师；2019 年又被评为衢州市非物质文化遗产“板龙制作”的代表性传承人。

余统善做过的活计很多，卖过粉丝，扎过龙灯，做过稻草人，在衢州江山、江西玉山，许多稻草人都是他和徒弟扎的。他还是阉割小猪的一把好手！这些生活能力和赚钱技术，倒是成了农民画内容鲜活的原因之一。我在他家里发现，他还能用篾片编织可以收付款的二维码！这让我想到了木匠出身的齐白石老人。这些民间艺术家的爆发力是不可限量的。

余东村农民画协会成立以后，余统善也积极参加了。在他看来，画画和竹编没有两样，讲究的就是手法，而手法靠的是眼法，看仔细了，多琢磨了，再加上多搞几次，总会好起来的，并且会越搞越好。

余统善 庭园放歌

余雪莲 晚年幸福

农村人实在，不在乎人家怎么评价，自己看着舒服，别人看了肯买，就行了。一席话，把农民画的发展机制说得通透。

余统善的农民画，比如《庭园放歌》《幸福农家》，乍一看有些现代风格，但仔细分析，却有着编织的元素。一是构图上，作品有一个中心点，环绕着中心点进行人物描绘；二是人物刻画的细节处都有编织纹样，就是裤子，也打着交叉的线条，可以称之为“竹编化的农民画”。

在 2016 年“二十四节气——柯城全国农民画作品展”上，余统善的《处暑》获得了中国美协一次入会资格奖。他在这幅画中完美地诠释了他的“竹编化的农民画”，不仅在构图上、刻画上强化了以往的风格，而且在色彩运用上，纯红、金黄两色让整体感受更加和谐，同时也更体现出竹编工艺那种单调中的复杂性。

余东村里有一个“竹编馆”，放的都是余统善编的工艺品。现在他感到时间不够用，要赶紧把一些竹编制品做出来：“我不做的话，以后可能没人看得到了。”对余统善来说，有点烦恼的是，现在没有人跟他学竹编了，好在乡里的沟溪小学开设了一个竹编兴趣班，他每周上两节课，有八九个三四年级的学生跟着学，已经坚持了五六个学期了。“他们上课都很开心，但以后会不会当作一门职业，难说！”

2021 年，余东村农民画家集体创作了一幅庆祝中国共产党百年华诞的百米长卷，余统善没有参与创作，他还是回到老本行上，认认真真地用竹篾编了一个《红船图》，他说：“我们现在过的都是好日子，真的要感谢共产党！”

余统德曾经画过一幅农民画《竹林交响曲》，里面描绘了竹编生产热闹而快乐的场景。最边上的长者与余统善有几分相似。现在，余统善的耳畔是否还响着那悦耳的音乐？

余统德的妻子余雪莲，娘家也在余东村，当年正是看了余统德

余东农民画家余统善

的画，喜欢上了这位颇有才能的小伙子。有空的时候，她就会借故上门请教，这一来二去的，余统德也喜欢上了这位眉清目秀的姑娘。于是，就像所有美好故事的结局一样，他们最终组成了家庭，并且一起创作，成了余东村农民画令人羡慕的“神雕侠侣”。

那一年，接到“农民画时代·时代画农民——全国农民绘画作品展”的征稿通知后，夫妻俩非常激动。白天，一边在农田里干活，一边讨论创作题材；晚上，两人睡在床上，也翻过身来讨论创作上的不同想法，一有灵感，就干脆披衣起床，直接投入创作。余统德画了《农耕图》，余雪莲就画《橘乡金秋图》，都是逼真细腻的劳动场景，色彩绚丽的劳动画面，形象地展现了余东农民的辛勤劳动。最终，这两幅画得到了众多好评。

余统德的家在村的东头，余东村的母亲河大俱源溪就在门前静静地流淌着，几根毛竹掩映着他家的那幢三层小楼，楼里几乎没有特

余统德在辅导女儿余红梅创作农民画。

别贵重的家具，房间里最多的就是他的农民画，还有没卖出去的镜框画、屏风画等工艺品。一楼是他的画室，一块很大的门板放在客堂最显要的位置，上面放着一幅正在创作的农民画，内容是庆祝建党百年；另一块门板则架在一堆收柑橘的木箱上，画毡铺在上面，被外孙女张心怡“占领”了，孩子也在努力地画着画。一旁，余雪莲告诉我，这是她画画的地方。余统德、余雪莲夫妻俩潜心绘画，也在潜移默化中影响了他们的孩子余红梅。

女儿余红梅自从懂事起，就看到爸爸有事没事拿一根树枝在地上画来画去。余统德《车水》里的场景，就是余红梅印象特别深刻的一段往事。而余红梅还记得一件事，有一次，父亲站在叠起来的凳子上，在墙上画毛主席像，没想到一头肥猪过来拱了一下，父亲马上跌了下来，腰伤了好长一段时间。这让小小年纪的余红梅伤心难过了很长一段时间。

余红梅 橘园

谢秀丽 小满

余红梅读书时学的是机械一体化，原来在一家公司上班，现在已经辞职，一方面是为了带好两个孩子，另外一方面，也是主要的原因，是农民画的种子已经在她心里发芽、生长了。

从余红梅最初的作品来看，她造型能力的基本功还是打得比较坚实的，无论是表现传说故事的《乾隆罚戏》，还是农村生活的《橘子红了》，或者是现实题材的《民主选举》，无不在准确生动把握人物造型上下了许多功夫。她的工笔花鸟画《一路清风》，有黑白两色的合理搭配，飞鸟冲天的动态捕捉，莲叶荷花的细腻叶脉，都是可圈可点的精彩之笔。而《橘园》一图中，五棵树有五种颜色，色彩丰富却和谐统一。

2013 年获得全国农民画展银奖的《闹春图》，应该是余红梅创作的转型之作。她慢慢调整了自己的写实风格，转向人物的集中呈现。画中，16 名小孩、10 个生肖，还有花篮、灯笼、鞭炮等，都挤在一个画面上，却不繁乱而井井有条，过年的热闹、孩子的欢笑、农村的富裕、百姓的满足，都在这幅画中得到了有力的展现。

现在，余红梅画农村日新月异的现实题材，也画历史传说、农村风情的民俗题材，还跟着父亲在徽派建筑上搞墙绘，日子过得红红火火，更重要的是心情无比的欢畅。她 11 周岁的女儿张心怡这时候插话："长大了，我要考美术学校，我也要画图画！"

谢秀丽是余统德的儿媳妇，娘家在隔壁斗目垅村，父亲是做木匠的，跟周边村比也算是早早奔上小康了，所以，前几年，对女儿执意要嫁到他们看来还非常贫困的余东村，心里有着许许多多的不满意，因此，有段时间两家人关系有点紧张。

如果说，是农民画拯救了一户人家，未免有点夸大其词，但说农民画改善了两家关系，却是不争的事实。一是余统德的作品越来越多，名气越来越大，收入越来越好，确实让亲家刮目相看；二是余东村因为农民画的发展，整个村庄越来越兴旺发达，也让周边村庄的人民羡慕不已；三是谢秀丽跟着公公学画画，乐此不疲，技艺大长，每到空闲时候，全家人一起作画，其乐融融，家庭氛围更加和谐，这是每个当父母的都乐意看到的情景。因此，农民画确实让余统德和亲家的关系融洽了许多。

谢秀丽最初的作品《小小菜市》《柑橘穿上新嫁衣》，在人物的摹写上，可以看到余统德指导的影子；但《丰年》一画中，色彩的团块表现，有一些套色版画的韵味，她已经开始有自己的想法了；到《小满》时，她通过块面剪辑的手法，将立交桥和运动场结合在一起，立交桥上车水马龙，运动场上人声鼎沸，靓丽的路灯、伟岸的建筑、似锦的繁花，构成了一道繁华靓丽的城市风景线，让城市变得如童话般浪漫。因此，这幅作品和大伯余统善的一起，在“二十四节气——柯城全国农民画作品展”上获得了一次中国美协的入会资格。

余统善的儿子余永红是一位高位瘫痪的病人，但他以不懈的努力，给余东农民画家群体带来了一个感人的励志故事。这个故事，我到后面再讲给你们听。

郑根良郑位良那两家

受郑根良影响，他家族中的许多人都爱上了农民画。他的夫人王兰香、儿子郑景、弟弟郑位良、弟媳余爱仙等，都先后走上了绘画之路，并且取得了不俗的成绩。

郑根良、郑位良是亲兄弟。前面已经说到，郑家祖先是 1913 年从常山县金源乡郑家村迁入余东村的，他们的父亲郑资春是一位手艺很好的木匠，造房子、打家具在方圆几十里都颇有名气。

在郑家兄弟看来，母亲是他们心目中的“艺术女神”。母亲会画画，会剪纸，会用油漆在家具上画花，还会在徽派建筑上做墙绘。母亲不仅在艺术上非常有天赋，而且里里外外一把手，就连家里造房子的事也是她张罗的。从 1933 年生下大哥，到 1958 年生下老幺郑位良，25 年的时间里孕育了七个孩子，母亲的操劳可想而知。因此，在他们兄弟眼里，无论是生活上还是艺术上，母亲都是名副其实的女神。

但 1972 年，就在郑位良 14 岁的时候，母亲因为呼吸道疾病，飞向了天空，成为天上的“女神”。

没了娘的孩子别说画画了，就是读书也不行了，郑位良离初中毕业只差一个学期，却没能读完。辍学后，他到村里大米加工厂与碾米机、磨粉机相伴了 7 年；后来，他学会开拖拉机，给工地送砖头、水泥和钢筋，到衢州拉氨水和肥料，成为他寻常日子里的内容；再后来，好学的他当上了村里的电工师傅，配合电力公司进行用电管理，还兼做家电维修；2000 年后，郑位良当起了泥水匠，给别人造房子，一造就造了十多年，还兼做农田整理、种柑橘等；2009 年，他又当起了余东村的会计，直到今天还一直在忙活。

简单说说郑位良的这些身世和人生经历，你就会知道，一个农民画家是从生活的石头缝里磨砺出来的，所以他强劲有力。明白这一点，你也就会看懂他图画后面的生活意义。

从 1975 年开始，郑位良就跟随哥哥郑根良一起学画，并参加了衢县美术集训班进行学习与创作。虽然是业余爱好，但他们对画画非常认真，常常为农民画的创作题材、构图、用色等闹口角。郑根良记得，那一次兄弟俩一起参加全国作品展，为了便于交流，干脆搬到一块儿，一有空闲就交流创作，探讨构思、题材，有时会为一个人物形象争论到深夜。大了 7 岁的哥哥郑根良毕竟生活视野更加开阔，农民画的技巧也更加成熟一些，但弟弟郑位良颇有一点“初生牛犊不怕虎”的蛮劲，暗暗地铆足了劲头要出好作品，于是兄弟俩在艺术道路上，上演了一出“比、学、赶、超”的好戏。

2012 年，哥哥郑根良的《上梁图》荣获了文化部“第四届中国农民画艺术节暨全国农民画展”优秀奖，弟弟郑位良的《乐在其中》则获得了中国文联“第二届全国农民绘画大展”银奖；2014 年，哥哥郑根良的《采茶图》获得了中国民间文艺家协会“我们的中国梦——江西万安全国农民绘画大展”优秀奖，弟弟郑位良的《五水共治》又获得了“青山绿水——全国农民画展”的优秀奖。

郑位良的创作有着一种不拘常规的大胆。作品《科技下乡》画的是村民齐聚在稻谷场上，正在观看“卫星上天”的新闻纪录片。影片

郑根良 岁月如歌

郑位良 科技下乡

从电影放映机投射到银幕上，正好在夜幕中构成了一个三角形。作者观察生活非常仔细，巧妙地抓住了这个三角形切面进行构图创作，并且将人物的视线都集中在一个方向，加上色彩大胆，因此作品有震撼力。最初有人说这样不太好，郑位良觉得已经画出了他的感觉，就心想，管他中不中奖，参与了就好。结果，这幅作品获得了“全国第二届全国农民画大赛”的银奖。

2016 年，郑位良的《“齐”乐融融》成了“美丽乡村——浙江农民画展”的入选作品。这幅画以蓝紫色为基调，图案揉入了蓝印花布的元素，人物造型生动，尤其是居中那名仰头的孩子，有着特别快乐的意趣。

在“二十四节气——柯城全国农民画作品展”中，郑根良、郑位良兄弟的作品同时入选。郑根良的《立秋》以红色为基调，七个青花瓷花瓶对称摆放，形成稳定的格局，整个画面喜庆而细腻，居中的大花瓶和怒放的花朵则美艳得夺人眼球。

而郑位良的《春分》表现得非常有意思。画面四周的四只小羊有中国古代建筑“牛腿”的意味，微笑的太阳、展翅的飞鸟，还有立体的女神，都包含着一种奇特的想象力；作品的色彩使用很有想法，春满大地当然是郁郁葱葱的，于是整幅画面几乎被绿色占满，些许黄色增强了画面的变化感和透明度，蓝色的背景和线条勾勒则加大了对比度，整个作品因此比较抽象概括。这是 2017 年的作品。

2019 年，在余东农民画“种文化”进京展中，郑位良又有一幅同样取名为《春分》的作品。在这张图画里，白天与黑夜将画面剖成了阴阳两面，以蓝色为主，粉色与暗色对位和谐，形成了一种亘古永恒的格局。渐渐地，弟弟郑位良在想象力和色彩运用上形成了自己的风格。

郑根良、郑卫良兄弟讨论创作农民画。

就在郑根良、郑位良兄弟上演“比、学、赶、超”好戏的同时，两位妯娌也互帮互学，共同演绎着“奋勇争先”的含义。

郑根良的妻子王兰香一开始反对丈夫创作农民画，觉得农民把田种好，把家管好了才是本分。但是后来，看到老公那么痴心于农民画，有时候深更半夜还在认真创作。好看的画一露面，村里的人都说好，她做老婆的脸上也有光。再后来，城里的老师也说好，还拿到衢州城里去展览，省里的杂志和报纸上都有她老公的画。那个骄傲啊，王兰香想想都会笑出声来。农村的女人单纯，“嫁鸡随鸡，嫁狗随狗”，嫁了一个画家那就随画家了。于是王兰香也主动参与到农民画的创作中来。在老公的细心辅导下，夫妻共同创作了农民画《欢乐一家》《农耕四季》等，还在浙江省农民画联展中获得了优秀奖。她的《耕种》以黑白入画，民间剪纸的趣味十足。

郑位良家就在郑根良家的南面，两家一前一后，弟弟家的后门

王兰香　喜庆丰收

余爱仙　春耕

出来就到了哥哥家的院子，两家自然走动得很频繁。郑根良郑位良兄弟为画画讨论得热火朝天的时候，两个妯娌自然也是耳濡目染，加上嫂子王兰香也开始提笔作画，弟妹余爱仙当然不甘落后，在丈夫郑位良的指导下，她的农民画艺术水平有了较大提升，《广场歌声》《清洁家园》《闹元宵》等多幅作品入选市区展览。另外,《春耕》的瑰丽色彩,《渔乐》的淡雅气息，两种完全不同的风格奇妙地出自余爱仙的同一支画笔。到了 2020 年，余爱仙又以一幅《共享小康幸福》入选了“决胜全面小康——第二届全国农民画作品展”。

采访的那一天，我看到余爱仙正在一个一个地剥橘子，我吃了几瓣，又多汁又鲜甜啊！郑位良家有柑橘地 10 多亩，以前每年能收上五六万斤，每斤能够卖到 1 块钱左右，那就有五六万元的收入。前几年因为寒流低温，橘子收成就不太好，今年连 2 万斤都不到了，并且只能卖五毛钱一斤，网上卖网下卖，还剩下 1000 多斤，但已经卖不动了，邮寄出去更加亏本。

于是，我看到了一个让我目瞪口呆的场景，余爱仙把一个个橘子剥开后，把里面的橘瓤统统扔到垃圾桶里，已经扔了好几桶了！只留下橘子皮扔在一边。我大叫，这不是太可惜了吗？为什么不送罐头加工厂啊？

余爱仙平静地告诉我，罐头厂也收不进了。水果罐头没有销路，罐头厂也亏本啊。现在只有橘子皮还在收，晒干了当陈皮卖，9 块钱一斤。旁边有一个村民插话说:“昨天已经掉到 6 块钱了。”

我心头一紧，农民真的辛苦啊！但面对生活的无常与艰难，他们仍然能够坦然处之，看到他们的农民画《丰收》，用的是大红色的色块，金灿灿的橘子正在朝着我们欢笑，我们的农民兄弟就是以这样的大度和豁达，热情歌颂着自己的生活！

相比郑根良农民画的成就，儿子郑景更让他感到自豪。“儿子还上小学时，就跟着我画画了。”郑根良回忆起这些往事来，眼睛里充满着慈爱的光芒。那个时候，他让儿子照着连环画学习画人物，渐渐培养起他对美术的兴趣，最后这一兴趣促使儿子走上了艺术之路，如愿考上了温州师范学院的美术系，深造 4 年。毕业以后回到故乡衢州教书，从事农村美术教育事业，他因此成为余东村第一位真正科班出身的农民画家。

现在，郑景已经有 10 多幅作品在省、市、区的美术展览中展出，他的《好日子》，构图、着色方面有着稳定、和谐的意蕴，特别是他在平面之中创造出一种透视感，让人感到有些惊喜。郑景的画已经开始形成与其他农民画不同的风格，而他绘画技法的专业化，也给余东农民画注入了新的活力。

周文斌和他的余雅珍

这是一个平平常常的爱情故事，平常到你我身边或多或少就在发生，所以也发生在了平平常常的余东村。

故事的男主角是一位“兵哥哥”，老家在台州临海尤溪镇。18 岁那年，他到江西省军区当了一名通信兵。因为当兵前他已经上过美术中专，学过一些素描，后来也一直自学油画，所以虽然是一名通信兵，但时常被借到机关单位做宣传，写通讯稿，出黑板报，在军区报刊上画一些插图，做一点美术编辑的工作。小伙子表现突出，很快就入了党。

故事的女主角是一位“学生妹”，就是余东村人，就在“兵哥哥”当兵的同一年，考上了南昌的一所大学。这所大学的校址，就是原来的南昌陆军学院旧址，和“兵哥哥”的驻地很近，近到每天从同一个大门进进出出。进出多了，自然有些印象，加上又是浙江老乡，还在一个“浙江老乡的 QQ 群”上交流，彼此想不来往，都很难。

“兵哥哥”才华横溢暂且不说，而且长得一表人才，当年“帅”到什么程度，今天无法得知，就是现在已经奔 50 了，猛一看，还像某个热门的电影明星。

“学生妹”学的是幼儿教育，生性活泼可爱，再加上能歌善舞，又温柔多情，还善解人意。这一来二往的，不擦出一点火花，倒反而有些不正常了。

但直到“兵哥哥”退伍变回了周文斌，“学生妹”毕业变回了余雅珍，两个人的好事也没有像电影演的那样向前发展。什么原因？男女主角都笑而不答，但从他们相视一笑的那个神情来看，似乎还有一些不便言说又彼此珍藏的故事在心底。这个时候，我想到的是老电影《柳堡的故事》里面的李进班长和二妹子，不就是因为部队的纪律和革命的需要，而中断了联系吗？

2001 年，周文斌退伍回乡。当他背着行囊从公共汽车上下来的那一刻，心里涌动的是无限的感慨，“归来仍然是少年”，不过此少年已经今非昔比了。他家世世代代都是农民，没有多大的背景，他不愿意就这样到一个工厂谋一份工作，打工娶妻生子，庸庸碌碌地度过这一生，他不甘心，他要去闯世界，只有闯出一点名堂来，他才可以找到心仪的姑娘，才能给她生活和安全的保障，这才应该是一个男人生活的意义。

周文斌闯出去的第一站是广州。那时候他弟弟正在广州的学校学美术，他也去了广州，一边继续自学美术课程，一边开了一个画室，每天花费大量的时间画油画，画好之后拿到一个指定地点，让一些香港人或者外国人收购，类似于深圳大芬村初期的样子。这样的日子，周文斌过了两年。

2004 年前后，周文斌和美院毕业的弟弟一起回到了故乡临海，先是开了一个画廊，但顾客稀少，门可罗雀。于是，他们尝试着办一个美术培训班。刚开始的时候，学生很少，只有三四个人，他们也不气馁，全心全意地把学生带好，不断启发孩子们的学习兴趣和画画想象力，孩子们的成绩提高得很快，进步非常明显。这下子，家长们兴奋不已，为了感谢老师的辛勤付出，他们主动印出培训班的广告，拿到学校到处散发，这样一来，10 个，20 个，50 个，学生慢慢增加了。人数多了，一个教学点放不下，后来就开了五六个分校。最多的时候，学生超过了 1000 人，一年收入超过了 10 万元。再加上不上课的日子，他又接了墙体广告的活计，小日子过得有滋有味。

余雅珍离开南昌学校的时候，一定是黯然伤神的，但生活还得继续。她先是在东阳实验幼儿园工作了四年，之后转到离家更近的衢州希望幼儿园担任美术老师，工作了五年，但经济收入不那么好，于是，她转到工商银行工作，日子过得平平凡凡。

许多好心人都关心她的个人生活，毕竟她岁数不小了。七大姑八大姨带着帅哥甲、帅哥乙、帅哥丙，走马灯似的跑去她家，都被她一一婉言谢绝。谢绝得多了，亲戚朋友也就慢慢失去了介绍的热情。其实，不是她有多么高的要求，只是因为心中有一个人的影子挥之不去，她不知道那个“他”是不是已经成家了，也不敢去问他生活得好不好，她怕知道真相后会更加痛苦，与其承受那种打击，倒不如不知道。这一年她已经 37 岁了，还是在等待。如果等不到的话，她觉得在想念中过好后半生，也是一个不错的选择。于是，她就安安静静地跟着堂叔郑根良学习画画，用手中丰富多彩的颜料，装点眼前这苍白而黯淡的生活。

2014 年的这一天，余雅珍接到了一个陌生号码的电话，一接通，对面传来熟悉的声音：“我是周文斌啊。”余雅珍心跳顿时加快了许多：“你来了啊！你怎么才来啊！”两句话都没有说完，她的眼泪就像是断了线的珍珠，一直往下流，慢慢地，就变成了一阵阵的抽泣声。

那边，周文斌大脑一片空白，他以为余雅珍早就有了一个幸福美满的家庭。这十多年来，尽管也有与女性交往，但他一直没有多少感觉，有时候他也想去和余雅珍联系一下，但这个念头一上来，就会被一种责任感和道德感所扼制，所以他就努力地赚钱，不停地工作，让自己每一天、每一个小时的生活都塞得满满的，这样就不会胡思乱想了。

这个电话一打通，周文斌马上放下手头的所有事情，立即买了车票，横穿整个浙江大地，从浙江的东头临海朝着最西部的衢州飞奔而去。

一到余东村，周文斌就直接和余雅珍谈婚论嫁起来。从事业上说，周文斌在临海的培训班已经开始稳定下来，下一步必然会顺风顺水地发展；从生活上讲，谁不愿意把美丽善良的余雅珍娶回家呢？但是，周文斌面临着一个现实问题，余雅珍的父亲过世已经好几年了，家里只有一个老妈，嫁到临海，余雅珍肯定心挂两头，难以安生。

在中国，男女结婚后，男方到女方家成亲落户的情形被称之为“倒插门”。虽然两人的孩子仍然随他姓周姓，但在农村，这样的选择，对周文斌而言，需要承受很大的压力。但一心奔着爱情的周文斌毫不在乎，他把临海学校的所有事情托付给了弟弟之后，义无反顾地在年底“闪婚”，和余雅珍幸福地在一起了。

周文斌的义无反顾具有双重意义，促使他下定决心的还有一个重要因素，那就是余东农民画的发展前景。

没来到余东村之前，周文斌根本没有想到一个小小的农村竟然有这么多人在画画，竟然有这么高的绘画水平！外行看热闹，内行看的是门道。作为一个从事过美术工作的人，他的能力和这个村庄的发展是匹配的：“我的事业在余东！”他在余东村找到了未来事业发展、家庭幸福的支撑点。

爱才惜才的余东村也向周文斌这位“新乡人”伸出了热情的臂膀。

周文斌 运动乡村

余雅珍 同心合力

2017 年，他担任了余东农民画发展有限公司的总经理，沟溪乡几任党委书记都对周文斌的到来，给予满怀激情的鼓励。

周文斌创作的油画《盼归》入选浙江省“放飞梦想”艺术作品展，并获三等奖；其代表作《秋色》《春满人间》《腊月飞雪》都在展览中有出色的成绩；他到余东村以后创作的《余东春色》显示了其在油画透视、色彩上的基本功，而《绿里沟溪》则使用了西方绘画中的一些色彩表达。

余雅珍的作品《赏春》《春种》等也多次入选市、区书画展，她的《春游》《山村春色》在用色上，有一种天真烂漫的意趣，折射出其内心的浪漫与纯净；她的《同心合力》《丝路情怀》从原来有些规规矩矩的套路上走出来，转而呈现一种奔放夸张的风格。

现在，他们孕育的两个孩子一个 7 岁，另一个 3 岁，都活泼可爱，聪明伶俐。开设的衢州市雅阁文化工作室，也在周文斌的操持下蒸蒸日上。我眼前的夫妻俩，一脸的幸福和美满。

第七章

农民画家的励志故事

苦难涅槃的吕卸良

和毛老虎一样，吕卸良也不是沟溪乡余东村人，而是隔壁双港街道南村吕家自然村人，但为了一个“农民画”的共同目标，大家走到了一起，现在都是余东农民画创作协会的骨干力量。余东农民画创作协会“不求所在，但求所有”，团结周边的农民画家共同创作，是有胸怀的。

吕卸良 2005 年才加入余东农民画的队伍。当时衢州市有一位老诗人叫余良佐，他认识余统德，就把吕卸良介绍了过去。见面后余统德就对吕卸良说，你画一张图画给我看看。吕卸良二话没说，回到家里，拿起画笔画了一张鸡鸭图。因为都是随处可见的东西，所以画得得心应手，一天就完成了。余统德看了很高兴，又介绍给郑利民，郑利民说:“行！”吕卸良因此进入了余东农民画协会这个大家庭。

吕卸良对协会没有什么概念，他在乎的是这么一大帮农民画朋友，可以交流切磋，互相指导，热热闹闹地共同创作，一点也不会寂寞，这才是他最开心的地方。

吕卸良的父亲来自当地一家大户人家，他上面有好几个姐姐，爷爷年纪很大的时候才有了这么一个男孩，因此一直被视为“宝贝疙瘩”。但不幸的是，这个“宝贝”在很小的时候，因为贪玩从楼上跌了下来，从此成了驼背。吕卸良的妈妈 6 岁时患上小儿麻痹症，眼睛瞎掉了。吕卸良的父亲一直到 40 多岁才娶上 20 岁不到的吕妈妈，“同为天涯沦落人”，两人相依为命，恩恩爱爱，一共生下 10 个孩子，但因为家道中落，实在太穷，最后活下来的只有 4 个。

吕家的“穷”在村里是出了名的。因为父亲驼背，被认为干不了多少活，生产队只给 6 个工分，父亲只能出去打鱼来弥补家用。还必须是夜里，偷偷摸摸地出去打。有好几次，小卸良半夜醒来，父亲的被窝都是冷冰冰的。父亲疼爱老二卸良，每每去生产队登记工分时，总是拉着他的小手，慢悠悠地朝队部的办公室走去，路上讲一些花草虫鱼的故事和今古传奇。

吕妈妈在家除了做家务，还要摸索着养猪。另外，她做的最多的一件事就是到村里借粮食。小卸良发现，每次只要妈妈脸色有光地回来，全家就可以开开心心吃上一顿饱饭；只要是一脸阴沉地回来，全家全天只能是挨饿，此时，小卸良就会看到妈妈躲在灶台的炉膛后面，无声地抽泣，不停地抹去满脸的泪水！小卸良是多么想去抱一抱妈妈，但是他不敢去打扰她，所以只能站在门边，默默地看着她。

在小卸良的记忆中，整个小学阶段，他从来没有吃过饱饭，每天能够吃上两顿就已经很奢侈了。小卸良有一个非常要好的同班同学叫顾凤龙，他们一起上学，一起回家，一起写作业，有的时候，他还让小卸良在顾家一起吃饭，这让小卸良感到非常温暖。

贫困激发人的斗志。从小学四年级开始，吕卸良就给中央人民广播电台写新闻稿，但都没有用上，编辑部的编辑会写一个很短的回复，鼓励他继续努力，同时还会寄来一刀空白的稿纸，这让吕卸良感到非常珍贵，因为他买不起稿纸，现在有了这一大刀纸，他就可以写出更多的文章。到了 1978 年吕卸良 15 岁的时候，他的一篇稿件终于被采用，得到了一块钱的稿费。拿到汇款单的那一刻，吕卸良觉得自己是天下最幸福的人。

吕卸良从小就喜欢画画，晚上消磨时间的最好方式就是在家里拿几张旧报纸一直画啊画。吕卸良学习画画也没有什么老师，就是一个笨办法，临摹所有看得到的图画，从齐白石、潘天寿，到张书旂、周一云，再到县文化馆的辅导老师梅谷民、魏荷芳，只要看得到的图画，他都借来细细研究，慢慢模仿。

吕卸良平时从来不去外面乱跑，最多就是到县城看看画展，这里面的重要原因是他要陪伴妈妈。1979 年吕卸良 16 岁的时候，父亲因为气管炎突然去世，什么都看不见的妈妈一个人在家，非常孤独，吕卸良更觉得需要多陪陪她。每当妈妈听到吕卸良在纸上作画发出的“沙沙沙”的毛笔声，往往会露出平时难得一见的笑容，这个笑容也就成为吕卸良画画的最大动力。

1985 年，22 岁的吕卸良第一次参加金华地区群艺馆的农民画培训班，经过老师的指点和帮助，他的绘画技术提高得很快，一幅名为《鱼》的作品，终于被县里的文艺杂志刊用了，因此又得到了一块钱的稿费。吕卸良拿到稿费后立即跑到菜市场，买了一条活蹦乱跳的大鲢鱼，拿回家炖给了母亲吃。母亲边喝着鱼汤，边摸索着那本还散发着油墨香味的杂志，说：“这下，我们家卸良出息啦！”

那天，和我说起这些往事的时候，吕卸良一时语塞，然后“唉”的一声：“父亲走得早，没有看到我画画；妈妈眼睛瞎，不能看到我画画。有时候想想，我画画又有什么意义呢？”一个壮实的汉子，这个时候眼圈是红红的。

吕卸良妈妈出嫁时，外公用了一亩地作女儿的陪嫁。一直以来，他们一家 6 口就住在 60 多平方米的茅草屋里，兄弟四个都已经 20 多岁，该娶老婆了。吕卸良就到老支书家里申请批准建房。老支书说："你们家那么穷，哪里来的钱建房啊？"吕卸良回答："你只要把地批给我，钱，我会搞来的。"结果，他们家批到了115平方米的宅基地。

于是，吕卸良就到衢州一家冷冻厂去当临时工，打工赚钱。正好隔壁五胜巷有七间老房子要拆掉，热心的工友知道他要造房子，就说："何不去买那些旧材料来？"吕卸良一听觉得有道理，就跑去和对方商量，从500块还价到450块，再贴上自己拆房的劳务，总算把那些砖头、木材运了回来。但就是这450元也让吕卸良犯了难，自己家的亲戚都借遍了，没有一家肯借钱给这家穷亲戚。发小顾凤龙这个时候已经在外面读大学了，知道这个情况后，二话不说就借给了他。"只有他看得起我啊！"

房子盖起来之后，吕卸良就想着去找对象，一连谈了好几个，对方都是嫌弃他家穷，全部吹掉了，一直到29岁的时候，才碰到现在的妻子。刚开始的时候，丈母娘也不同意，吕卸良吸取以前的教训，把兄弟四个共有的房子说成已经分家了，是他一个人独有的，女方家还蛮相信的。等接触多了，女孩子发现小伙子是个厚道人，很有上进心，还特别能干，不光事情做得好，画画也画得那么好。这样一来一往，女孩子完全倾心于他。就在吕卸良迎娶女孩的那一天，丈母娘按照当地习俗讨要"上轿费"，数字还不小，要3000元。在这个"关键"时刻，女孩把自己的私房钱偷偷塞到吕卸良手上，一桩好事终于有了"欢天喜地"的圆满结果。

吕卸良在家中排行老二，老大现在已经67岁了，还是光棍一个，当年父亲去世100天后，大姨妈曾经给老大介绍过对象，但那时家里拿不出500块的彩礼钱，后来就没了下文；老三直到40岁才勉强娶上了媳妇，但那个女孩子精神有些问题；而老四，也是因为穷，至今未婚。吕卸良一直认为，是农民画给他带来了好运。

吕卸良平时在衢州一家凿岩机厂上班，负责给机器打磨，做了多年的临时工，直到2016年才给缴了医疗保险。后来，为了帮助厂里催款，他又往全国各地到处跑，吃了不少苦头。

在凿岩机厂时，厂里的办公室、会议室、接待室挂的都是吕卸良画的梅兰竹菊，经理有时希望画一些钟馗之类的人物画来“避避邪”，吕卸良觉得自己画不像，就到经理那边要了一点资金，请余统德来画。这些图画让厂领导觉得很有面子，就把吕卸良作为企业文化的典型，推荐到衢江区工会的展览上。渐渐地，吕卸良在衢江区一带有了名气。

2012年，吕卸良创作的《幸福人家》入选文化部与浙江省文化厅主办的“第四届中国农民画艺术节暨全国现代民间绘画大赛”。2015年，创作的《羊年大吉》荣获“翰墨青州·中国农民画大赛”优秀奖。2016年，他的《橘农看围棋》又成了“美丽乡村——浙江农民画大展”的入选作品。

虽然吕卸良得了奖，他却没有怎么兴奋起来，在山东青州的展厅里，他一直仔仔细细地揣摩别人的作品，研究农民画的民间纹理，体会民间剪纸的内在含义，学习荷包等物的刺绣风格，越看越觉得自己和他们的差距还真的不小。

在一次嘉兴秀洲的农民画艺术节上，吕卸良认识了杭州农民画家刘巧云，他马上就自己画画中的困惑向对方请教。刘巧云告诉他，一定要有自己的风格，另外，在绘画材料上，不要用铅画纸，不要用水粉颜料，要用宣纸，用水墨颜料，绘画效果会大不一样。吕卸良觉得宣纸价格高，水墨颜料成本也大，并且效果也比较难以掌握，但他还是决定试一试。

余东农民画家吕卸良

现在，吕卸良的农民画已经有了很大的突破，表现在四个方面。一是个人风格强。从造型能看出他有一种发散性的思维，想象空间非常大，如《互爱》及其他类似的作品，画的也是“鸡”，其构图与毛老虎的各有千秋。在毛老虎的《大吉图》中，公鸡造型简单淳朴，在边缘及个别细节上用硬朗的黑线勾勒，并通过渲染增加层次，展现了浮雕的质感，这种风格在余东农民画乃至全国农民画中都是非常突出的；而吕卸良创作的公鸡独具匠心，有一种作为装饰元素的变形创意，他在勾线的基础上，采用同种颜色平涂的表现方法，不同于大部分余东农民画通过颜色变化来突出画中的纹样的做法。二是色彩使用新。在单纯的花青色、橘红色的基础上，以单色线勾勒造型，以线带面，非常灵动，变化很微妙。三是绘画内容多。他的画面上有许多率性的表达，一些地方看似不那么规整，但没有影响整体感，相反却显得更有味道。四是吸收传统足。如对皮影戏的线条、青花瓷色彩的运

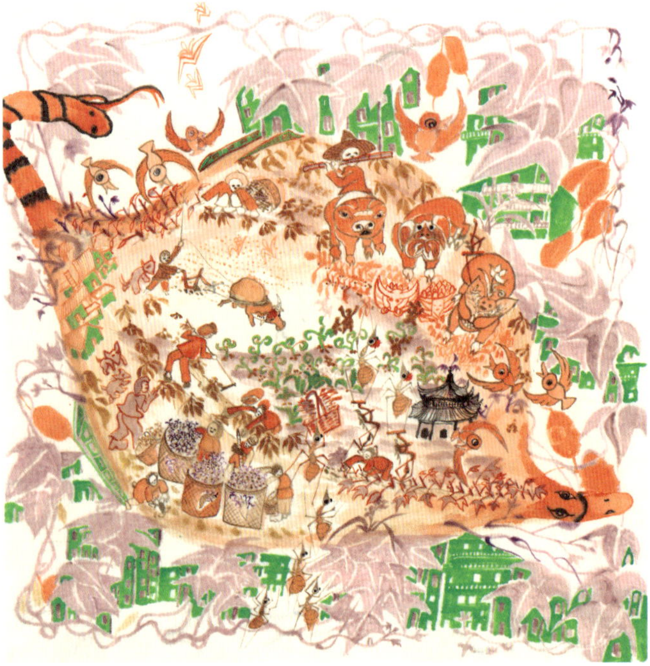

吕卸良 惊蛰

吕卸良 互爱

用恰到好处；他在漆器画的手法，还有民间图案纹样的推陈出新上，都展现其探索精神；中国画的颜料，还有水粉画颜料的使用互不排斥，色彩比较稳，没有火气。

前面说到，吕卸良有个发小叫顾凤龙，在他吃不饱饭的时候，请他吃饭，在他没钱盖房的时候，给他汇款。其实，在吕卸良的绘画道路上，顾凤龙也一直给予他温暖的支持和及时的鼓励。在吕卸良心中，顾凤龙比亲兄弟还要亲。

顾凤龙现在是华南师范大学特聘教授、博士生导师，主要从事理论化学的方法及程序开发研究，在量子化学理论方法、程序开发和应用方面都有相当的建树，是一位在国内、国际专业领域颇有声望的量子化学专家、学者。他先后去过德国埃尔朗根—纽伦堡大学，加拿大渥太华大学，日本广岛大学、九州大学。无论是去做博士后，还是去做访问学者，每到西方的传统节日，他送给外国同事的重要礼物通常是吕卸良画的农民画。外国朋友看到后都非常喜欢，往往会珍藏在家里。吕卸良因此在这些大学和研究机构里，颇有一些知名度。这样的强力支持，给了吕卸良创作农民画的莫大动力。

那一年，顾凤龙从国外归来，刚落户广州工作不久，吕卸良到华南师范大学去拜访他，到了他那个宽大的办公室后，吕卸良惊呆了：在他办公桌的正后方，端端正正挂着的不是哪位名家大师的书画，而是他吕卸良这个农民发小的农民画！

采访吕卸良后的第二天，我在余东村墙绘工地碰到了他。当时他在楼房最高处的脚手架上，只是和我挥了挥手，就又工作了。我在下面，只看到他穿着深色衣服的半个身体，与蔚蓝蔚蓝的天空融为了一体。

我没有问他为什么要爬得那么高，但我知道，他一定有一个心愿。他的画，父亲早逝没看到，母亲眼瞎看不见，现在，他要把他的图画，画到靠近天空的地方。他相信，这一次，已经在天堂的父亲、母亲一定会看到儿子的图画！

身残志坚的余永红

1972年出生的余永红是余统善的儿子，虽然他只是初中毕业，但凭着天生的机灵劲，在水电安装、家电维修方面无师自通，做得周围乡亲赞不绝口，都要找上门来请他。他又凭着一技之长，广接灯箱广告，收入就像芝麻开花——节节高，事业做得真是顺风顺水。

但是，余永红的快乐人生因为一场突如其来的横祸而出现了断裂。

那是2003年5月27日夜晚，余永红记得清清楚楚，在隔壁江山市装好了灯箱广告的他，骑着刚刚买来的崭新摩托车，兴冲冲地往余东村的家里赶。他的心里，喜滋滋地盘算着今天的收入，又憧憬着明日那一笔业务，这个时候，前方出现了一辆运输大车，远光大灯开得极亮，把余永红的眼睛照得看不清前路。就在两车交会的瞬间，因为出现一秒钟的盲视，摩托车一下子撞上了路边的建筑沙堆，造成了他高位瘫痪，颈部以下都失去了知觉和行动能力。

这一横祸，真是晴天霹雳，击碎了余永红所有的人生梦想。当他被抢救回生命以后，医院判定他将一辈子躺在病床上。31岁的余永红绝对接受不了这么一个残酷的现实。作为家中的顶梁柱，他不仅丧失了一切劳动能力，反而成了父母的负担，生活起居也完全需要父母亲来照顾。同时，经济压力就像大山一样压得他喘不过气来：看病，几乎用光了父母亲的多年积蓄；借了2万元买来仅仅一周的摩托车，没有上牌照，没有买保险，撞烂了不说，借的钱还得还给别人；不能外出赚钱，以前的积蓄在养家糊口中坐吃山空，家庭因此支离破碎，妻子也很快离他而去……

这是怎样的一种人生绝境啊！我们可以想象余永红的沮丧、颓唐、烦躁甚至崩溃、绝望。他孤独无助，他想过自暴自弃，有时候甚至丧失了继续活下去的勇气。但是，当他看到只有6岁的孩子，竟然还懂得照顾他、安慰他；看到双亲焦虑担心的眼神、辛勤操劳的背影和越发衰老的身体，他的心被刺痛了！虽然身体还关闭在狭小的屋子中，但思想已经冲破曾经禁锢自己的"牢笼"："我不能颓废，不能自私！我现在是残疾了，但并不是一无是处，这个世界必然会有适合我做的事情！"

靠着心底那个坚定有力的声音，余永红虽然身体没有站立起来，精神却已经挺直了"腰杆"，他要驱逐至暗世界里那些落魄的阴云，他要让阳光照进自己残缺的生命。

他开始着手打造自己的淘宝店。因为级别不够，顾客量少，淘宝生意始终不景气，后来不得不倒闭。"没有关系！"他这样告诉自己，继续寻找新的机会。

他开始外出，开着残疾人车去看望比他更严重的病友，为他们打气加油。他在城里靠着残疾人车载客，一点一点地赚钱，贴补家用，还无私帮助一位遇到困难的外地姑娘。

那一天，一位从贵州坐车到杭州的姑娘，不知何故，被甩在了衢州高速公路出口处。小姑娘哭哭啼啼地向他求助，他借她手机，让她给杭州的姐姐打电话，又载她去长途汽车站，还借钱给她买了车票。小姑娘说:“我会来还钱的。”余永红无所谓，能帮到人家就行了，至于会不会大老远跑来还钱很难说，不还也没有关系。几个月后，小姑娘果真来了，不仅来还钱，还告诉他，已经和家里人说好了，这次来了就不走了，她要终身照顾这位善良的大哥哥。

这下余永红急了，他不仅比她大 20 多岁，而且是个残疾人，不能实现姑娘做妈妈的梦想。小姑娘现在有一种报恩的心情，比较冲动，但冲动过后，两个人继续生活下去是不现实的。于是，余永红坚决拒绝了这番美意，很快把小姑娘送出衢州。“我毕竟经历多了，要成熟一些，对人家的后半辈子我要负责的，不能冲动!”余永红这样告诉我。

前一阵子，余统善夫妇和他聊到，现在他们两个老的在，还能够帮帮他，以后要是他们走了，他怎么办啊?我顺着话也说了:“还是应该有个人照顾照顾你。”他告诉我，现在有个外地女人知道他的为人，对他很好，一直想过来，但他还在犹豫，主要是怕最后还是要影响别人。我劝他不必多虑，不往下走怎么会了解更多，又怎么会相互理解呢?他觉得有些道理。于是我就和他一言为定，如果将来有那么一天，我一定专门从杭州赶到余东村，来参加他的婚礼，我要当面来祝福他们幸福和美满。

2018 年，衢州市狮子会会长汪峰在离余永红家不远的地方，打造了一个名叫“园素”的民宿，委托余永红帮忙管理。从此，他每天早出晚归，准时到民宿去工作。工作轻松，心情愉快，“园素”的清静和优雅慢慢地激发起他的梦想。这个时候农民画已经在余东村里形成了相当的规模，在全省甚至全国都渐渐有了名气，父亲余统善、叔叔余统德都在农民画创作上成绩斐然。“要不，我也来学画画吧。”余永红这样想。

说干就干，他马上买了绘画所需要的材料，铺开画纸，尝试拿起画笔，开始学画农民画了。没有绘画基础，没有老师传授技艺，又不方便出去拜师学艺，余永红靠的只能是天赋和信念。他相信，只要愿意去做，肯钻研，并且坚持不懈，便没有办不成的事。

但是，一个高位瘫痪的病人要画农民画是何其困难啊！因为车祸损伤了颈椎脊髓，身上很多地方都没了知觉，整个人丧失了运动能力。虽然这时已经 15 年过去，他已经学会了用左手勉强做一些力所能及的小事，但要拿起笔来画画实在太难——常人都很难做好的事情，更何况是他呢？

余永红的手会一直发抖，根本不听使唤。右手是完全没有力气的，左手也需要非常费劲地集中心力，才能“指挥”它具备一定的运动能力，很多时候他是靠“甩”和“移”才能动一下。因此刚开始，拿稳画笔、拧开颜料瓶、描画线条等任何一件常人轻而易举可以做到的小事，对他来说都是很困难的大事。仅仅训练拿笔便耗费了他大量的时间，等到可以像个初学写字的孩童那样拿起笔来，一笔一画地开始画以后，直的线条永远是歪歪扭扭的，圆的橘子一定是扁扁尖尖的，根本不成样子。

“这算是什么东西啊！”余永红气恼过，埋怨自己太笨。有时会把画纸扔得满地都是；有时会把那些歪歪扭扭的画撕了一张又一张，扔进垃圾桶里去；有时恨不得要狠狠地打自己，但他知道这样做无济于事，如果打在身上，他颈部以下没有任何痛觉，如果要擂桌子，他的骨头已经脆弱，稍微用力击打都有可能骨折，给自己带来更多麻烦。

好在有十多年的磨难，余永红的骨头虽然有些脆弱，精神却一点也不脆弱，反而更坚强，坚强得超过常人。他会一遍又一遍地责骂自己、叩问自己；也会一遍又一遍地激励自己、鼓励自己。他把自己的网名取为“余梦”，他相信，他已经看到了余生的光亮和希望。他告诉自己，一定会实现今生的梦想。

当余永红的手慢慢有点听使唤以后，“画什么”就成了他要面对的问题。农民画大都取材于真实的生活，如劳动场景、田园风光、乡土风物、节日盛典等，但身体的实际情况，根本不允许他像村里其他农民画家那样描绘这些题材。

那一天，余永红在家里的院子里晒太阳，几只大公鸡昂首阔步、气定神闲地在院子里踱步，不时低下头来觅食，余永红的生活素材库仿佛一下子被打开了：“对，我就画公鸡好了！”在他看来，雄鸡是他随时随地都能够看到的，便于观察其形态和神态；雄鸡的线条比较粗实，便于掌握；还有，雄鸡比较喜庆吉祥，寄托着他的美好向往。

余永红选定画公鸡以后，便像着了魔一般，每天都把大把的时间花在画画上。他的身体状况不允许他去培训班学习，他就照着自己家里养的大公鸡画，有不懂的地方就到网络上找绘画授课视频，跟着学一学。渐渐地，当他闭上眼时，大脑里跳跃着的都是各种各样的大公鸡，它们在他脑海里走来走去、生动欢腾。

虽然画公鸡相对来说比较简单一些，但就像达·芬奇画鸡蛋一样，要想画好一样东西，没有千锤百炼的意志和认真执着的精神，绘画的技艺是不可能提高的。最开始的时候，画一只公鸡头像起码要四五天时间，画到手酸了，眼花了，脖子僵硬了，但他会告诉自己，唯有坚持，唯有努力，才会有成功。余永红自己没有料到，支撑他继续走下去的力量，就是画农民画。

功夫不负有心人，日子一天天过去，余永红笔下的大公鸡也一天天“活”了过来。他着色比较浓重、鲜艳，常以大红色、金黄色为

余东农民画家余永红

主色调，笔下的大公鸡呈现出精神抖擞、气宇轩昂的气度。这一绘画风格，和余东农民画的重要画家毛老虎有几分相像，毛老虎看到余永红在画大公鸡，不仅没有任何异议，反而指导余永红应该在哪些地方注意比例、哪些地方加强色彩，应该如何融入自己的审美体验等。其他农民画家也都纷纷伸出了援手，鼓励他画得更好。这些都让他的画技提高得很快，越来越得心应手起来，更重要的是让他感到，农民画家们就像家人那样悉心体贴，无比温暖。

现在，余永红的雄鸡每小幅可以卖到380元。余永红笑着说："卖多少都不重要，被大家认可才是最最开心的！"

这几年，村里照顾他身体，给他安排到余东村广播站里工作。端坐在电脑前面的余永红神色悠然安静，金色的阳光透过雅致的木格子洒了进来，照在他的头上、脸上、身上，也照在桌上、画上，还有画上那只五彩公鸡鲜艳的鸡冠子上。若不是旁边的一副拐杖，"残疾人"

这个词似乎和他无关。

余永红曾有一幅作品《高秋》，他别出心裁地画了一只沾满黄泥的大脚。在这只位居画面中心位置的大脚里，有球场、农房，孩子们在广场快乐奔跑；大脚的周围是农田、鱼塘、山林、树木，人们或耕田或培土或插秧或施肥，燕子在天空中自由地飞翔，猫狗在地上快乐地打闹……这是余永红的记忆，也是他的畅想。

我们聊到了余东农民画年轻的“新生代”，这时候，余永红突然停了下来，然后一字一句地说：“我也是‘新生代’，是劫后重生的‘生’，是农民画让我有了新的生命！”

从保姆到书画家的毛美仙

毛美仙是沩溪乡五十都村人。在这本书里，我们介绍到的农民画家，以前有的是农民，有的是教师，有的是篾匠，有的是油漆师傅，有的是税务干部，而毛美仙的身份比较特殊，是保姆！

其实，在成为保姆之前，毛美仙有一个类似“牛郎织女”的美好故事。故事里的“牛郎”是郭尧胜，“织女”当然就是毛美仙了。

毛美仙从沩溪中学毕业后，做裁缝的父亲觉得她书读得差不多了，应该回家干农活了。毕竟她兄弟姐妹十人，她是老七，再往上读供养不起了。于是，她拿起了赶牛的鞭子，每天早出晚归去放养家里那头母牛。

太阳还没有彻底冲开薄雾，炊烟才刚刚离开烟囱，正在袅袅升起，毛美仙就牵着母牛离开了家。牛蹄踏在石头路上，击打出清脆的声音，在空旷的田野里传得很远，仿佛是一首日常生活版的《牧童短笛》，在浙西山区的晨曦里循环播放。

牛蹄声也唤醒了邻居郭尧胜家的牛。那是一头硕大健壮的公牛，挺着骄傲的牛角，迈着坚定的步伐，每走一步石板都会发出闷响，牛背饱满的肌肉都会产生有节奏的抖动。

两头牛经常在村口不期而遇，然后奔向同一块肥美的水草地，去享受一顿又一顿的饕餮大餐。两个孩子则忙着割草干农活，累了就淡淡地说上几句话，偶尔再分享一下家里带出来的午饭。太阳快要下山的时候，两个孩子或牵着，或骑着自家的牛，慢悠悠地从山的深处出来。落日和山峦都是他们的背景，他们因此定格成了一幅美好的画面。

日子就这么日复一日、年复一年地循环下去，波澜不惊。当毛美仙家的母牛生完三头小牛崽之后，她和郭尧胜的感情也水到渠成，过了一年，一个白白胖胖的小孩子就呱呱落地了。

这以后，两头牛由牛郎郭尧胜牵着，接着去放；毛美仙则到乡镇企业艺术挂毯厂做工，开始了织女的生活。她勾线、用刀切，手指在挂毯上上下跳动。因为做的是出口产品，钱赚得也多，所以她的心也随着指尖快乐跳动。

但好景不长，因为销路出现了问题，挂毯厂在三年后倒闭了，毛美仙只好另谋生路，她来到杭州打短工，在萧山帮工摘棉花，在梅家坞帮工采茶叶。郭尧胜则在家乡的窑厂搬砖头，也许想多赚钱，身体出现了透支，那一年突然胃部大出血，他一个人在家，爬到门口开门呼救，最后救护车好不容易赶到，总算抢救了过来。

胃出血导致胃切除 90% 以后，重活累活，郭尧胜是万万不能干了，于是家里买了一辆小型农用拖拉机，他帮人拉货挣钱。1998 年 4 月的一天，郭尧胜帮邻居拉了一车胡柚，没想到天降横祸，路上追尾撞上了一辆停在路边的大货车。小车撞大车，无疑是鸡蛋碰石头，老郭与押车的邻居一同受了伤，结果可想而知。在事故认定时，虽然货车停车后没有按照交通规则打开双跳灯，有很大的责任，但郭尧胜疲劳驾驶，也要负 40% 的责任。真的是“屋漏偏逢连夜雨”——胃出血的欠债还没有还完，现在人伤了，要治疗；车坏了，要修理；胡柚散了，要赔偿；还要打官司，又是一笔钱！家里一下子就多了3万元的债务。在20世纪末，3万元绝对不是一个小数目，而对毛美仙来说，那是一座山，沉甸甸地压得她喘不过气来。

毛美仙以三分利息去借钱，却怎么也借不到。别人看到她都躲了起来，就怕他们还不起。家里连孩子读书的学费也交不起，孩子因此还想辍学。他们已经是倾家荡产了。

就在这个时候，村里一位在外做保姆的妇女回来了，向毛美仙推荐了这个工作。看着胃部、头部都是刀疤的丈夫，再看不想读书、就想为家庭分忧的孩子，毛美仙几乎没有什么犹豫，拿着熟人给的地址，怀揣着家里借来的200元钱，用一块方毛巾打了一个包袱，带上几件替换的衣服，在一个昏暗的早晨离开了家门。

进城的公交车站其实就在家门口，但做保姆在当时不被乡里的人看好，被视作"下人"，低人一等，她怕被人笑话，偷偷跑到了前面一站公交站上了车。她的目的地是温州，一是地方远，碰到的熟人就会少；二是温州老板多，可以多赚钱。

到了温州，毛美仙很快就被一位温州妇女"相中"，开始了人生的保姆生涯。第一份工作是照顾一个有血管瘤的孩子，东家并不是温州的富豪，一家那么多人挤在一个小小的屋子里。为了让孩子睡得舒服，他们让毛美仙陪着孩子睡在家里的大床上，夫妻俩反而在地板上打地铺。为了让毛美仙安心工作，他们把工钱从每月500元慢慢涨到800元。毛美仙看到了一个善良的家庭，这让她心中有所触动，家里丈夫在养伤，还有孩子需要照顾。虽然一个是东家，一个是保姆，但她们有一个共同点，那就是勇敢地面对命运的挑战，勇敢地扛起生活的重担。因此，她把对自己孩子的感情倾注到了东家孩子的身上。她的认真负责和细心周到，终于有了最好的回报：在她的努力照顾下，三年之后，病孩基本康复，可以下地走路了。

2003年，衢州市委、市政府根据本地特色，做好农村工作，发布了《关于进一步推进万名农民素质工程的意见》，计划每年对5万农民进行实用知识技能培训，打造“衢州保姆”“衢州保安”“衢州保洁”品牌。

已经在温州前后做了6年保姆的毛美仙有丰富的工作经验，在这样的时候当然是如鱼得水、出类拔萃了。当时衢州市委、市政府领导带队远赴杭州、上海举办“衢州保姆品牌推荐会”，毛美仙成为其中的佼佼者，有记者称其为“金牌保姆”。

很快，毛美仙就被一位桐庐籍的商人录用，在杭州一做就是6年。2009年，东家从杭州迁到北京，她接受东家的邀请一同到了北京，又干了6年，把东家的孩子从16个月一直带到了中学住校学习。东家夫妻俩工作非常繁忙，常年不在北京，两个月才回家一次，所以把整个家交给了毛美仙，她因此成了与孩子相处时间最多、孩子们最依赖的亲人，是没有血缘关系的“临时家长”。

2010年，东家的孩子开始在一个书法培训班上课，毛美仙当然每次都要去接送孩子。孩子在里面上课，别的家长就去聊天、逛街、打牌、美容，毛美仙却寸步不离教室，隔着窗户听老师讲课。老师讲什么，她就在小本本上记什么，回家以后可以督促孩子复习。更重要的是，文化程度不高的毛美仙笨鸟先飞，通过这样特殊的“旁听”，也慢慢提高了自己的书法水平，时间久了，她笔下的字也有模有样起来。

不仅是书法，毛美仙在陪伴孩子上作文课、美术课的时候也“如法炮制”。北京不愧为中国政治、文化的中心，书法展、美术展特别多，这让毛美仙很兴奋，只要有空，她就会带着孩子前去观摩。有时候孩子去不了，她也想方设法前往参观，认真揣摩书法笔画的动势，体会美术色彩的精妙。

在北京6年，毛美仙几乎没有打开过电视机，为的是不影响孩子做作业。每到孩子做作业的时候，她就会在一旁对着手机上的“芥子园画谱”不断模仿和体会。看得多了，练得勤了，她的眼界就开阔了，笔下的汉字也就慢慢变活了，文学艺术水平都大有长进。特别是在北京自学国画时，六尺整张的处女作《江山如画》，得到北京画院专业画家、国家一级美术师王挥春的肯定，还给予了题签鼓励。

毛美仙虽然身在北京，但心一直牵挂着家乡。老家五十都村向东七八里地就是余东村。余东村农民画发展迅猛，名声越来越响亮，农民画作者队伍也越来越壮大，这让远在北京的毛美仙十分眼热，她通过媒体、网络持续关注，还利用回乡探亲的时间到余东学习、参观农民画。

2016年，毛美仙告别了朝夕相处13年的东家，回到了衢州五十都村老家。一到家，她就找到余东农民画协会，要求成为其中的一员。因为她有扎实的书画基础，所以上手很快，创作水平不断提升，书画作品先后入围柯城区、衢州市、浙江省的多次书画展览，还获得全国农民画优秀奖等。

她不仅自己全身心地创作农民画，还拉了丈夫郭尧胜一起来画，就像当年一起外出放牛一样。每到夜晚，星星开始在天空中眨眼的时候，毛美仙家里的三楼画室就成了夫妻俩切磋书画技艺的好地方。美好的故事又在农民画的天地里延续。

2019年12月底，毛美仙、郭尧胜夫妻俩创作的两幅作品入选了在北京恭王府举行的“种文化——浙江衢州柯城余东农民画进京展”。郭尧胜的《牛》和《蛙声》就是他们两人当时放牛娃生活的生动写照。

毛美仙 古村新文化

郭尧胜 牛

余东农民画家毛美仙

在毛美仙的《丰收》中，玉米和公鸡均用橘红色表现，串串玉米有挂墙上的，也有散落在地上的；公鸡们有的觅昆虫，有的啄玉米，也有的穿插在玉米之间俏皮地探头探脑，煞是可爱；最精彩的是隐藏在背阴里的玉米，深蓝的底色上勾出了淡蓝，影影绰绰，用亮与暗色区分，给画面增加了层次感，给人以无限的遐想。

毛美仙在自己家里画农民画不够，还想着让村里的乡亲也能够画上几笔，因为一些五十都村的乡亲看到画农民画能够发家致富，但苦于是“零基础”，不知该如何下手。

在五十都村党支部和村委会的大力支持下，2017 年，五十都书画社成立了，村书记胡雪斌担任社长，毛美仙任副社长，共有会员五六十人。书画社除了组织会员创作农民画作品，还大力开展书画培训。所有培训都是免费的，笔墨由村里支出，老师都是志愿者。来听课的，上有白发苍苍的长者，下有背着书包的学生。毛美仙拿出当年

“旁听”书法的劲头，从一撇一捺开始，不厌其烦地手把手教这些村民学书画。

在她的精心培养下，学生们的进步很大，取得了较好的成绩，在一些书画大赛中屡创佳绩。如范小君同学，就以一幅题为《秋分》的农民画入选“2018 年全国农民画优秀作品征集展”，获得了一万元奖金。现在村里书画创作的气息浓了，麻将声、吵架声就少了，农村的精神文明就在一件件实事的落地中，得到了很好的建设。

毛美仙的家庭也因为农民画而越来越红火，预计今年墙绘收入将达到10万元。衢州市委书记在听了毛美仙的故事后，曾经问她：“现在想不想再出去当保姆了？”

毛美仙爽快地回答：“现在又有钞票赚，又有天伦之乐，怎么还会想出去呢？”

一个曾被命运甩到谷底的保姆，用异于常人的努力实现了她的人生逆袭。毛美仙用她的人生故事证明了，只要有勇气有毅力，每个人都会产生无穷的力量。

“新乡人”安冉

余东农民画发展起来后，柯城区沟溪乡党委和政府都强调要把“原乡人”“归乡人”和“新乡人”团结好，共同创造余东农民画的未来。

安冉首先是“原乡人”，她的本名叫叶金英，是余东村隔壁的航埠镇莫家村人。名字是一个符号，“叶金英”是父母亲赋予她的符号，带着莫家村田野上清新的空气，而“安冉”则是她赋予自己的符号。我不知道，一切有文艺范的女青年是不是都会给自己取一个新名字，从中安放少女的梦想和憧憬。但迄今为止，她的人生并不“安”定，事业却是一直在“冉冉升起”。

1993年，安冉从航埠中学初中毕业后，没有按部就班地去衢州读中专，而是到了杭州西泠冰箱厂，做了奥普车间的一名检验员，开始了不安定的“杭漂”生活。她不甘心做一辈子“打工妹”，几个月后，就跑到杭州电子工业学院就读公关营销研修班。虽然没有学历，但只要能够学到有用的知识，她就觉得是好事。安冉如饥似渴地读书，同时白天到金龙集团和另一家工贸公司兼做会计，晚上还要去肯德基餐厅做服务员，在忙碌和艰难中追求自己的理想。

1998年，因为一段感情，安冉只身离开了杭州这个令她伤心的城市来到了宁波。她的随身听里面循环播放着刘若英的《后来》，她要让自己以前的生活统统归零，在宁波重新开始，打拼出属于自己的人生。

安冉先是在西湖春天宁波分店做了半年的管理工作，再开小饭店、小花店、服装工作室、红帮裁缝店等，当起了小老板。2002 年，她借了几十万元钱开了一家纸箱厂，第一年的产值就有 300 万元，算是挖到了第一桶金。

2004 年，余东开启了新一轮农民画创作热潮，而这时候安冉进入了婚姻的殿堂，然后像童话里一样生下了一个公主，没两年，又生下了一个王子。外人看来，相夫教子的美好故事会这样平平淡淡而又甜甜蜜蜜地延伸下去。

托尔斯泰长篇小说《安娜·卡列尼娜》的第一句就是:“幸福的家庭是相似的，不幸的家庭各有各的不幸。”安冉的不幸，是风轻云淡背后隐藏的痛苦。尤其是在产后抑郁的叠加下，她的抑郁症变得越来越严重。为了摆脱这个人生困扰，从 2012 年开始，安冉把情绪和注意力都集中在了绘画上，她要让自己先“安”定下来。她相信，美好的生活总有一天还会“冉冉升起”。

打小，安冉就有个会画画的邻居，她像磁铁似的每天往人家家里跑。看着美丽的图画一幅幅地被画出来，小安冉就有一种无比愉悦的快感。到了宁波，为了搞好服装设计，安冉重新拾起了儿时的梦想，报名参加了素描班，从头开始学习绘画的基础知识。

在我看来，绘画不是安冉的主攻方向，她的强项是产业经营和商机捕捉。她需要一艘有用的渡船承载她的梦想，整合她的才能，渡向下一个事业的彼岸。这个渡船就是艺术。

过去办厂时，安冉在宁波高桥一带有 8000 多平方米的老厂区，现在一门心思奔艺术，又有了一定的经济实力，她就把这个老厂区办成了“万盛文化园”，在里面开设美术馆、咖啡馆、教育机构、艺术家工作室等。开园以来，已经有20位画家在工作室创作与研究。在宁波当地政府的支持下，园区还组织过画家采风写生、举办展览等。她把艺术产业搞得风生水起。

2019年，安冉再次背起了行囊，只身回到了她的故乡衢州柯城区。她的手机里循环播放着的是费翔的《故乡的云》。年轻的时候，安冉很喜欢这首歌，但那仅仅是喜欢，现在，归来已不再是少年，“故乡的云”是抚慰她心灵最柔软的所在。而故乡衢州柯城区、沟溪乡政府都张开手臂迎接游子的归来。安冉也下定了决心：“要在家乡再造一个文创园！”这时，她成了一个“归乡人”。

因为在外漂泊、创业达25年之久，安冉的眼界和思路与少年的“叶金英”大不一样，与一些在当地发展的同学、朋友也大不一样。从这个意义上来说，“归乡人”“归”的是安冉的身，“新乡人”“新”的是安冉的心，也就是安冉新的想法、新的操作和由此产生的新的气象。

余东农民画的发展越来越迅猛，来余东旅游、采风、研学的人也越来越多，“人潮汹涌”成为日常一景。安冉敏锐地看到了这一点，于是在大俱溪河边上，民宿“荏苒居”和美术学生实习基地应运而生。“零基础”油画教室给旅游的人们提供了直接的艺术体验。在老师的指导下，通过几个小时的学习，游客就能得到一幅个人创作的油画。这种成就感简直妙不可言，以至于每到周末，都有直达的大巴车拉着城里的孩子们专门来学习油画。而“南孔文创”工作室和咖啡室等设施，不仅给人们带来了工作和生活的便利，而且给古老的村落增加了时尚的调性，给余东村的整体形象带来了令人惊喜的效果。

至于制陶室及烧制体验室，又是安冉为运作下一个项目做的基

余东农民画家安冉

础准备。果不其然，到了 2021 年，当 3 公里外的碗窑村龙窑开始点火传承制窑文化时，安冉改造并经营的陶艺研学基地，就顺理成章地成了一个新的旅游热点。

玩泥巴是孩子的天性，在每一个孩子的眼里，世上万物只分好玩与不好玩，而陶艺无疑属于好玩的行列。泥土多变，是孩子释放自我、表现童真的方式。在飞快转动的转盘上，双手的巧劲可以让一块平淡无奇的泥巴变换形态，慢慢拉坯成型，变成自己喜欢的样子，然后再绘上独特的色彩和图案，一个独一无二的艺术品就诞生了，这给孩子们带来了强烈的成就感。

到了 2021 年 9 月，安冉只用了 22 天时间，就把一幢 200 多平方米、房龄近百年的老屋改造成了古旧而不失清新的文创咖啡馆。她在保留老房子原有外墙的基础上，通过钢架结构抬高屋顶，改良老房屋内部的采光，加上复古与现代碰撞的软装设计——现代家具配上复

余东村南孔文创馆（柯城区沟溪乡供图）

古的老木头柜子，一些陶瓷、老瓷片点缀其间——产生了奇妙的视觉效果。

开店之后，她又将碗窑村陶瓷艺术融合进咖啡馆中，店里的咖啡杯、餐具都是自己手绘烧制的。农民画的元素和纹样在她笔下轻轻跳动，上釉、烧制后摇身一变，成为能向游客诉说故事的手绘茶杯、托盘、餐具。独特的艺术品味，让游客在浓郁的咖啡香中感受乡村的恬静之美。安冉为空间注入的不仅是创意、灵感，更多的是情怀、情感，展现了现代人与器物，与他人，与自己和谐相处、美美与共的人文之美。

无论是陶艺研学基地还是“柿子树下”咖啡馆，安冉都只是顺势而为，尊重乡村技术和房屋的原有特色，保留原生态的乡村记忆，却也因此凤凰涅槃，挖掘到了乡村振兴的美学价值。

安冉的“新”还没有结束。未来，洞头跑马俱乐部经过提升扩容，将为浙西农村带来些许国际大都市的味道；水亭门设置“沟溪乡农副产品展示空间”，则让沟溪乡农民耕耘的果实、创造的文化都有一个实体的售卖平台；更值得期待的是即将开播的“余东村直播平台”，它将会在网络世界里创造出一个新的余东村“童话”。

第八章

农民画的专业风暴

行政条线的鼎力支持

余东农民画的健康发展，还离不开各级文化单位几十年来的关心与支持。

在中国，文化部、省市自治区文化厅局、市地县文化局是社会文化活动的行政机关，而省市县三级文化馆和乡镇街道文化站，形成了整体的社会文化艺术组织辅导网络。各级文化干部以他们认真负责的态度，脚踏实地的作风，在中国广袤的大地上，精心培育了万紫千红的艺术之花。余东农民画正是这个繁花似锦的百花园里培育起来的一株绚丽的花朵。

前面说到，早在 1973 年，金华地区和衢县文化局把毛翔先调进衢县文化馆，就是要发挥这位专业美术干部的优势，再造一个金华版的“户县农民画”。从 1974 年到 1976 年，衢县文化馆在余东村接二连三地办了三年农民画学习培训班，给余东农民画的发展奠定了良好的基础，也为余东乃至金华、衢州农民画人才队伍积蓄了后劲。

这以后，从 1977 年到 1985 年的 8 年里，金华地区文化局尊重艺术规律，一是通过办学习班或加工会，进行集中的艺术创作和修改；二是通过接二连三的展览活动，让农民画作品接受社会各界的评价；三是通过权威的评奖活动，让一幅又一幅农民画优秀作品脱颖而出，不断提高余统德、郑根良、郑华土、谢诗久等人的创作水平。

余东农民画发展的转机是在郑利民担任沟溪乡文化站站长以后。而这个乡文化站恰恰就是县级文化馆工作手臂的有效延伸。余东农民画家集合起来后，没有经费开展活动，是浙江省文化厅创建农民文化活动室的“金走廊工程”，第一次给他们输入了充满活力的“血”，余东农民画从此“满血复活”。

在“八八战略”的指引下，省委通过了《中共浙江省委关于加快建设文化大省的决定》，浙江省文化系统的各级领导“闻风而动”，把省委的这股春风吹向浙江的各个村落，在经费、辅导、宣传、评奖等方面，都给余东农民画实实在在的关心和支持，对于他们取得的任何进步都及时地予以表彰。2007年4月，浙江省文化厅授予余东村“浙江省文化示范村”称号，授予余东村所在的沟溪乡“浙江省民间文化艺术之乡”的荣誉称号；同年11月，国家文化部授予余东村“全国第十四届群星奖”称号；第二年，国家文化部又授予余东村“中国民间文化艺术之乡”称号。这些荣誉让农民画家们备感温暖，创作的干劲也越来越大。

2011年恰逢中国共产党成立90周年，郑利民带领余东农民画协会会员创作了9米长卷《90张笑脸喜迎建党90周年》，再次获得了文化部颁发的“全国第十五届群星奖”。

2013年9月，浙江省文化厅又授予余东农民画创作协会“浙江省十佳群众文艺示范团队”称号，浙江省委宣传部也同时授予余东农民画群体“浙江省民间优秀创作群体”称号。同年11月，国家文化部部长到余东村调研，亲切看望了中国农村最基层的艺术家们。

对于余东农民画的领头人郑利民，党和政府没有忘记他做出的卓越贡献。2009年4月，郑利民被衢州市人民政府授予“衢州市劳动模范”的荣誉称号。郑利民的父亲郑如土曾经当了近25年的村党支部书记，2010年他也被衢州市授予“衢州农业系统劳动模范”称号。在市一级的荣誉上，父子俩可以说是并驾齐驱。

到了2014年12月，郑利民又被国家人力资源和社会保障部、国家文化部授予“全国文化系统先进工作者”称号。这一次，老父亲听到消息后“蹬蹬蹬”来到了儿子家里，开门就说：“你小子别翘尾巴哦，事情都是大家做的，上头给你这么高的荣誉，其实是在表扬你们这支农民画队伍，你给我好好地把农民画搞上去，搞得好上加好！”

郑利民当然不敢懈怠，这不仅有老父亲、众乡亲的鞭策，更有内心那团事业之火的激励。

郑利民在乡政府的本职工作是总会计，尽管十分繁忙，但他坚持每天创作，同时还要分出不少精力，加强对余东农民画的业务辅导，做好团结、联络、协调等方面的工作。天道酬勤，郑利民有50多幅农民画在省级以上的大展中入选、获奖，一些作品又被多家美术馆收藏。除此之外，还有10多篇论文在相关的专业刊物上发表。特别是2008年，他撰写的论文《现代民间绘画对推进新农村建设的作用》，荣获文化部“今日农村——中国农民画艺术节·论坛”论文类金奖；2010年，他撰写的论文《余东村农民“种文化”生机与活力》，荣获中国文联“全国农民画学术论坛”优秀奖。郑利民通过发展余东农民画的工作实践，为党和政府推进农村文化事业的建设，提供了宝贵的经验与教训，为贯彻“八八战略”，建设“文化强省”，做出了基层文化干部特殊的贡献。

基层文化干部如此踏实做事，浙江省文化厅的主要领导也密切联系群众，勤勤恳恳地实践着“以人民为中心”的执政理念。

在余东农民画发展阶段，一直担任浙江省文化厅主要领导的，

余东农民画在阿曼苏丹国展售。

是一位长期在党的意识形态部门工作的老宣传干部。他在忠实执行省委、省政府的重大决策，贯彻落实各项工作意图方面都做得十分到位。他曾经说过："文化的种子本来就深埋于农村的土壤之中，只要有阳光雨露，农村文化的种子就能够萌芽、成长，我们现在要做的就是起到播洒阳光和雨露的作用，扶持和催生农村文化的种子。"

前面说到的经费拨付、奖励实施，都需要省级文化部门的具体操作，在这方面，文化厅领导抓得细、抓得实、抓得快。在余东农民画家的眼里，这位领导好像不是一个大官，而是一位谦和、诚恳、热心的老大哥。

余东农民画家心心念念的一件事，是想让余东农民画走出国门，走向世界。文化厅领导看出他们的这一心思，主动要求厅外事处寻机安排。出访的任务很快就安排好了，2009 年，郑利民代表余东农民画家前往阿曼苏丹国，参加"第十届马斯喀特世界文化艺术节暨民间工艺展示会”。“农民画家也出国了！”这在小小的余东村激起了多大的反响啊！在整整一个月的工艺品展演、展示活动中，郑利民不仅大开了眼界，更重要的是，他对余东农民画如何走向市场，有了切身的感受和深刻的思考。

一位刚刚就任柯城区委常委、宣传部部长的领导，要到省文化厅汇报工作，她从郑利民这边要来了电话号码打给了厅领导，不料领导正在萧山开会。厅领导交代厅办公室安排好午饭，中午开完会后，马上从萧山赶回来听取汇报。直到今天，柯城区的这位老部长还会对郑利民开玩笑：“不要小看你这个小小的文化站站长，省文化厅厅长都听你的！”每到这个时候，郑利民的心里都会涌起一股暖流。

同样被余东农民画家们惦记的，还有另外一位文化厅领导。2016年，距余东农民画第一次进杭城办展览过去10年了，余东村想再办一个画展，向领导、专家和杭州市民汇报一下余东农民画10年来的发展和进步。但场地、经费等方面的问题，又一次难住了他们。厅领导知道后，立即指示相关处室协调解决。很快，“梦圆画村——柯城沟溪余东农民画展”在浙江图书馆顺利开幕了，这次展览吸引了杭州市民近万人参观，时任省委书记批示鼓励：“余东农民画，越画越好。”

同样为基层排忧解难的，还有国家文化部的领导同志。2019年，余东农民画进京展览，就是在国家文化和旅游部领导的大力支持和帮助下促成的。这个故事，我们后面再说。

专业机构的有效推进

中国文学艺术界联合会，简称“文联”，是由包括中国美术家协会（简称“美协”）在内的各个文艺家协会联合起来的人民团体。在中国，各个省、市、县都设有文联组织和美协组织，这是团结地方美术人才，组织画家进行创作，指导艺术不断提高的专业机构。

早在20世纪90年代，衢县文联和美协刚刚成立时，汪雪蓉老师就到处奔走，把余统德、郑根良等人统统拉进了这支新成立的专业队伍，让余东农民画家感到很温暖，也很受鼓励。

前面说到，郑利民担任乡文化站站长之后，操办余东农民画在沟溪乡的第一次展览，是衢州市文联主席陈才、衢州市美协主席王集法、衢州市书协主席王克等文联系统的领导和专家，给了他们许多的专业指导。就在这次展览上，陈才直截了当地提出，余东农民画要有自己的绘画风格和绘画语言。

这句话一直萦绕于郑利民心头，他为此探索了10多年，陈才也“陪跑”余东农民画10多年。2005年，陈才向柯城区的主要领导，大力推荐了余东农民画；2006年，陈才为余东农民画第一次到杭州展览出谋划策；2019年，余东村精心挑选了100幅农民画到恭王府展出，又是陈才，以他文学家的笔调，起草了情真意切、文采斐然的邀请函，让一直关心、支持余东农民画发展的老领导们倍觉感动。

继任陈才担任衢州市文联主席的欧阳建华，是一位成就斐然的书画家。在他看来，30 年甚至 50 年后，衢州市最具价值的艺术非农民画莫属，因为它既有个人创作，又有团队力量，能保证人才梯队的延续性。而且他认为，农民画反映的都是现实生活和百姓的精神世界，非常接地气，有群众基础，让人看到画面就能回想往事，备感亲切，所以生命力会特别强。

作为一位在专业上颇有造诣的画家，欧阳建华既看到了农民画的前景，也看到了农民画的不足，因此他诚恳地进行了专业指点，如：他经常告诫余东农民画家，一定要画自己熟悉的东西，静下心来，从日常生活中汲取灵感，借助生活阅历提升意蕴。他会利用其影响力，请区、乡、村多为农民画的发展做实事，特别是入选、获奖的作品一定要有物质奖励。他具有历史意识，会请当地注意加强重要画家、重要作品、重要事件的建档和文献整理工作，把从草稿到成品的整个过程都保存好，挖掘一幅幅图画后面的感人故事；他注意德艺双馨，要求加强对农民画家的思想教育和艺术培育，一方面要给他们上党课，提高思想觉悟，另一方面要进艺术院校，提升他们的审美眼光。总之，内行的欧阳建华为余东农民画的持续发展，提供了许多特别符合艺术发展和研究规律的宝贵意见。

欧阳建华还是衢州民革的领导人，他在民主党派内，动员实力雄厚的企业家们成为余东农民画的买家和藏家。从 2016 年到 2018 年，由衢州市文联出面，连续三年组织余东农民画作品拍卖会，卖出总计超过百幅农民画，每幅最低 2000 元，最高 5000 元。一方面，让余东农民画家在经济上获得实惠；另一方面，通过拍卖，让余东农民画的品牌效益和农民画家的名家效应都有了新的提高，在社会上扩大了余东农民画的影响力和美誉度。更重要的是，通过搭建画展、拍卖、艺术品交易等方式，余东村农民画在产业化发展上形成了自己的探索之路。

现在，余东未来乡村建设成立了咨询委员会，陈才、欧阳建华都担任了顾问，继续为余东村的未来发展出谋划策，贡献力量。

衢州市文联几任党组都对余东农民画高度重视，从来没有间断过对农民画家的全力支持，凡是举办余东农民画展览，无论在衢州学院，还是在衢州博物馆，或者去浙江展览馆、浙江图书馆，或者去北京恭王府，都有衢州市文联辛勤的组织协调。在市文联的带领下，衢州市美术家协会历任领导班子成员许铁铮、祝富荣、王集法、周保平、徐建文、叶云龙和莫晓卫都非常重视余东农民画的发展，经常深入余东，给予了大量的指导，因此余东农民画家的专业水平提高得很快。

2016 年至 2019 年，衢州市文联把基层联系单位定在了余东村，派出党组成员、秘书长担任驻村指导员，帮助余东村发展各项事业。驻村指导员每个星期都去余东村现场办公，积极帮助村里向上争取资金支持：从衢州市农业农村局争取到 10 万元，进行“美丽乡村建设”；从衢州市残疾人联合会争取到补助金，给帮扶对象余永红以实际的支持；组织爱心团队，推销余永红父亲余统善的竹编工艺品；联络衢州市民间文艺家协会，推荐万月仙成了会员。

2009 年 7 月，郑利民加入浙江省美术家协会。他是余东农民画群体中第一位加入省级美协的画家，这意味着余东农民画的创作，越来越受到浙江省文联及美协的关注。

有专家指出，余东农民画在新时期得到发展，除了领导支持和专家帮助外，浙江省美术家协会和省美协副主席、秘书长骆献跃的作用几乎可以说是决定性的。

2009年，省美协主动联系全省各画乡和农民画发展比较好的嘉兴秀洲，舟山普陀、岱山、嵊泗，温州洞头，衢州余东等地，对全省农民画发展进行了初步统一的规划和指导；在此基础上，省美协又派出浙江年轻的美术史论学者，赴全国各地进行现代民间绘画创作和农民画活动现状的调研，主动向中国美术家协会提出策划方案，直接引起了中国美协的高度重视，加大了对全国农民画创作的关注和追踪，于是有了2010年“农民画时代·时代画农民”全国农民画在浙江举办的重大事件，并出版了重要的艺术文集，从全国的高度对农民画在当下的发展进行了学术探讨。从此以后，中国美协几乎每年都要举办一次全国农民画展。

2010年3月，骆献跃漏夜来到余东村，接连几天指导农民画创作。以此为发端，余东农民画与省文联、省美协的关系更加紧密了，极大地促进了余东农民画群体专业水平的提高。

骆献跃本来就是一位优秀的画家，他曾经是萧山文化馆干部，有着群众文化的情节，还有着组织辅导农民画的经历，一直很清楚余东农民画在艺术民间性和原生态方面的短板。

余东农民画刚起步的时候，画的基本上是一些国画山水、人物画，因为没有经过专业训练，造型能力先天不足，画不好也画不准。骆献跃并不回避这个问题，开诚布公地告诉他们，不要因为冠以“农民画”了，就可以放低对自己的要求，相反，应该更加注意提高作品本身的艺术品质，画出自己的特色来，这就需要从根本上调整发展的方向。骆献跃要求他们多学习上海金山、嘉兴秀洲的农民画，还要多借鉴舟山渔民画，从他们那里得到“什么才是好的农民画”的启发。

余东农民画家都是聪明人，省城来的专家老师给了非常明确的努力方向，他们当然特别听得进去。尤其是，骆献跃经常担任评委，博览群“画”，他的眼光就是评委的眼光。于是，郑利民第一个来进行试验，慢慢改变了之后，他又带领其他农民画家转变画风。

骆献跃这边对余东农民画提出严格要求，那边，则向全国画坛竭力推荐当时名不见经传的余东农民画，终于促成毛老虎在“农民画时代·时代画农民——全国农民画作品展”中获了奖，这对余东农民画家鼓励很大，创作的积极性越来越高涨。

当罗剑华回眸人生时，发现他与余东农民画的缘分似乎早已注定。罗剑华在红旗小学读书时，刘津朱就是他的美术老师，是她启发了他的美术意识。稍大一些，因为父亲和毛翔先同在新华印刷厂工作，罗剑华尊毛翔先为师，从这一层关系而言，罗剑华与早年余东农民画的代表人物余统德、郑根良、郑华土等人是师兄弟，罗剑华也在许多展览上看过他们的作品，熟悉他们的名字，知道沟溪乡的绘画了不起，只是一直没有照面。到了2005年，余东村农民文化活动中心建成了，罗剑华才与余统德他们认识，也就在这时，他才进一步知道，农民画是在沟溪乡的余东村。

1981年高中毕业后，罗剑华在衢州缝纫机零件厂当了一名铣床工，那是一段相当艰苦的岁月。这段经历让他对余东农民画家的奋斗经历，有着一种感同身受的切肤体会和精神共鸣。

1988年，罗剑华进入浙江美术学院学习；毕业之后，他回到衢州职业技术学校当美术老师；1994年，他被调到杭州，先后在中国美术学院出版社、西泠印社出版社担任编辑；2001年，又调到浙江省文联，先后担任《中国花鸟画》杂志编辑部主任、主编；从2010年起，具体操办“杭州·中国画双年展”，十年里连续操办了五届；2019年，他又回到了浙江画院从事中国画的专业创作。罗剑华的这些履历，造就了他的专业背景、教学经验、出版眼光。在省级专业机构的历练，又让他具有从选题、策展、画册装帧、出版发行到传播研究等“一条龙”运作的实战经验。这样一位熟悉艺术全产业链的专家投身进来，给余东农民画发展带来的好处有目共睹。

一是罗剑华的创作实力，决定了他在指导余东农民画时有着实际而不是“空对空”的帮助。1996 年，罗剑华的《菜园秋展图》获得“第三届浙江省花鸟画展”金奖；2000 年，他的《秋风庭院藓侵阶》获得“第二届浙江省中青年花鸟画展”金奖；2019 年，绘有 319 只珍贵禽鸟的《珍禽图》力压群芳，获得“第十四届浙江省美术作品展”金奖，并成为“第十三届全国美术展览”的参展作品。这些骄人的创作实绩背后，蕴藏着他长期积累的心得和经验，不断让余东农民画家在创作过程中，得到宝贵的启发。

二是罗剑华的艺术眼光比较客观，视野比较开阔，决定了他教学培养的开放性。《中国花鸟画》是一个全国性的美术专业研究平台，必须具有包容性，许多画家基于个性和创作的独特性，往往会坚持自己的艺术立场，因此，作为主编的罗剑华不会以自己的好恶，去狭隘地理解他人的作品，而是从美学的、客观的角度接纳全国画家的不同风格。这样的开放性，使他对余东农民画创作风格的评价，有着令人信服的客观性，对余东农民画下一步发展的指导，具有符合艺术发展规律的前瞻性。

三是罗剑华跨界的人生阅历，使他在指导余东农民画创作上具有开拓性。罗剑华不是“自我陶醉”型艺术家，不会囿于艺术金字塔内，“两耳不闻窗外事”。从纵向来看，他可以直接联系浙江省美协甚至中国美协，为余东农民画的后续发展架起便于联络的桥梁；从横向来看，他熟悉全艺术产业链的每一个环节，且都有实际操作经验，这既

2005 年 10 月，文联老师辅导余东农民画家后的合影。

余东美术图书馆

有助于提高艺术家的创作水平，又能使艺术作品进入产业发展的良性循环，推动余东农民画向着更高层面的当代乡村艺术发展。

应该说，当时的沟溪乡党委书记颇有眼光，她抓住了罗剑华这位衢州老乡的“乡土情结”，在2016年5月与罗剑华签署了合作协议，在余东村成立“罗剑华专家工作站”，后来又置办了“余东美术图书馆”，罗剑华则将个人收藏多年的美术类图书，统统贡献了出来，还请同行们也捐出图书。如果你要进入这家图书馆，只需刷一下身份证，24小时都可以去阅读、学习，收听有声读物。该图书馆还和衢州市图书馆实现了同步借阅并共享还书系统，让“书香浙江”的目标，在小小的余东村得到完美实现。2018年，衢州市人力资源和社会保障局批准“罗剑华专家工作站”升格为市一级的专家工作站，余东农民画的辅导工作实现了薪火相传。

同样对余东农民画发展作出贡献的还有浙江画院副院长、一级美术师池沙鸿。早在20世纪末和21世纪初，嘉兴市秀洲区农民画的迅速发展，就有池沙鸿的一份功劳。这位曾经的省群艺馆美术干部非常熟悉基层美术创作情况，人也非常接地气，表达起来往往通俗易懂，特别受农民画家的欢迎。

池沙鸿总是一副笑眯眯的样子，说话慢条斯理，辅导农民画家既有水平，又有涵养。他看到有些农民画家创意奇特或用色大胆，总是会以极为欣赏的态度和语气加以肯定，把农民画家鼓舞得劲头十足。他觉得需要修改的地方，也是以探询的口气商量着办。有时，他的见解，农民画家一时难以接受，他就耐心解释，为什么要这样，为什么不应该那样，农民画家都对他服服帖帖。

比如表现题材，池沙鸿要求将农村发展的新气象尽可能画到画里，提出农民画家也要深入生活，感受生活，热爱生活。他认为，当技法上暂时还不可能创新时，题材融入新的元素，并表现出新的内容，也不失为一种对创新的探索，于是，大棚种植、直播带货、无人机作业、农业机械、环境治理、乡村旅游、高铁大巴等都进入大家的视野。

在绘画方式上，池沙鸿一方面启发大家了解刺绣、剪纸、泥塑、编织、年画、传统建筑雕花图案等大量民间美术，从中吸取营养，另一方面鼓励大家随心所欲，想怎么画就怎么画，想画什么就画什么。以自己的眼光看世界，挖掘与众不同的，孩童般天真、自由、充满想象力的原生态创造力。从 2016 年到 2022 年，池沙鸿几乎每年都去余东村，辅导农民画创作，或给农民画家做评审讲解，他的指导，无疑精准推动了余东农民画的发展。

除了池沙鸿，中国美术学院教授白仁海、杨参军、金一德，杭州师范大学教授管建新、顾致农，《美术报》副总编周瑞文、专刊部主任唐永明，杭州油画院商亚东等老师，也多次对余东农民画家进行了有针对性的创作辅导。

“九华立春祭”开始的故事

从余东村出发向东北方向开车约半个小时，就来到了九华乡妙源村。位于这个齐天山梧桐峰下的小村庄里的“梧桐祖殿”，是浙江省乃至国内唯一保存完整的、供奉有春神句芒的祖殿。

“九华立春祭”是衢州立春祭祀的传统民俗活动，历史悠久。每年立春日，当地人都会在“梧桐祖殿”举行仪式祭祀春神句芒。少男少女戴着鲜花，举行贴春牛图、扮芒神、迎春、鞭春、踏春、探春、采春、尝青、戴春、闹春等仪式，并有“演戏迎春神”“开耕第一犁”等各种活动。这一民俗积淀深厚，体现了农耕文明的文化特点，表达了人民对风调雨顺、五谷丰登的期待，并以此为开端，开启全年的二十四节气民俗活动。

中国的二十四节气依照太阳运行周期制定，用于指导农事和生活，并形成了相应的文化形态，是古代劳动人民勤劳、智慧的结晶。尽管我们现在拥有了高科技的现代文明，但那些充满远古野性、经过历史烟火熏陶而顽强存活的乡风民俗，在今天仍被人们深深眷恋。

从 2007 年开始，“九华立春祭”在“非物质文化遗产代表性项目保护名录”方面不断升级。先是被列入衢州市级，同年被列入浙江省级，2011 年进一步被列入国家级！ 2016 年 11 月，中国“二十四节气”

正式被列入联合国教科文组织人类非物质文化遗产代表作名录，“九华立春祭”作为“二十四节气”的重要支撑项目，也成了衢州市首个人类非物质文化遗产。

乡愁和民俗是一个地区人文精神的延续，是时代特征的物化。岁月虽逝，在男女老小的记忆中，九华农耕文化孕育的乡风、民俗和乡愁永远不会散去，它们也成为余东农民画的重要创作主题。因此，在“二十四节气”被列入人类非物质文化遗产后，举办一个以此为主要内容的全国农民画作品展呼之欲出。

2016 年 10 月，“柯城余东农民画创作协会”换届，郑利民继续担任会长，余统德、郑根良、毛美仙担任副会长，毛老虎、兰根良、金光炎、巫锡良、郑位良、郑华土、吕卸良等人担任理事。新的班子和众多农民画家都希望创造一个新的气象，他们摩拳擦掌，跃跃欲试。

此时一位从区长转任书记的柯城区领导也下定了决心，要把热火朝天的农民画创作再推向一个更高的境地，他全面审视余东农民画：一个小小的村落里，有这么多的农民“白天背锄头种地，晚上拿笔头画画”，用画笔抒发理想、浸润人心，长期以来势头不减，是一件非常值得大力推动的事情；并且一幅小小的图画，会引起社会的持久重视，会引发从中央到省市各级领导的大力支持，这说明农民对美好生活的向往，正是各级领导需要奋斗的目标。一张农民画给了普通农民绽放人生的机会，这幅画背后透出的是梦想的力量。

这个时候，“九华立春祭”被正式被列入联合国教科文组织人类非物质文化遗产代表作名录的热潮未退，柯城区在共青团中央网络直播了“九华立春祭”，其关注人数超过了 2000 万，全球华人都对此表现出很大的认同。于是，区委、区政府顺应余东农民画家们的创意，确定“二十四节气”为展览的创作主题。

中国乡村美术馆（柯城区沟溪乡供图）

要举办全国性的美术大展，首先要得到中国美术家协会的大力支持。2017 年春节长假一结束，浙江省美协的骆献跃、罗剑华就立即向中国美协提出了报告和申请。长期以来，中国美协一直积极引导、大力扶持农民画的发展。在其领导层看来，“二十四节气”主题创作是“深入生活、扎根人民、服务群众”创作理念的具体措施，更是中国美协贯彻落实习近平总书记文艺工作座谈会精神的具体体现。于是展览毫无悬念地“花落”柯城。

在取得了“二十四节气——柯城全国农民画作品展”的举办权之后，柯城区委、区政府的同志进一步认识到，应该为农民画的发展，再做一些实实在在的事情。做什么呢？他们想到建造一个农民画美术馆。

近年来，余东农民画在各类展览、比赛和交流中不断摘金夺银，已经积累了不少精品，这些精品需要有一个地方集中保管，否则容易散失，加上“二十四节气——柯城全国农民画作品展”之后，柯城区还要将其中50幅佳作精心收藏，因此需要建造一个农民画的展示平台，这既可以是农民画家交流、培训、提升的学习平台，还可以是余东农民画宣传、销售、运作的商业平台，这样就可以让农民画展览永不落幕，余东村也能通过提高文化的集聚效应和吸引力，成为全国农民画家的向往之地。于是，建造一个国家4A级景区和民俗文化创意园，打造一个乡村振兴的新典范和农民文化交流的新地标，就自然而然地提上了区委、区政府领导的工作日程。

做出决策后，区领导在具体工作上也抓得细致。余东村依山傍水，毗邻项目地的罗汉山郊野公园满目青山，大俱源溪绿水流淌，因此区领导特别要求建筑风格具有现代元素，通过“清水混凝土”来返璞归真。要用毛竹作为模板，大块面地浇筑水泥，毛竹的印痕和水泥之间形成一种联系，竹子代表生命，水泥代表温度，让能呼吸的建筑成为人与自然的媒介。同时还要求在总体设计上，与山体、生态、周围的环境相契合。在建造过程中，必须严格按照“美丽乡村EPC”的工程要求，保质保量地建好这座农民画美术馆，让它具有“乡村毕加索”的神韵。

2017年11月，“二十四节气——柯城全国农民画作品展”开幕之际，同时举行了余东乡村美术馆的奠基仪式，中国美术家协会分党组书记、驻会副主席兼秘书长徐里来到了奠基仪式的现场，这位了解全国美术建设情况的中国美协掌门人没有想到，一个小小的村落竟然要建造一座现代化的乡村美术馆！不要说乡村，就是乡镇、县区甚至地市，都没有像样的美术馆啊！也许是被衢州市、柯城区发展农民画的坚定决心所打动，也许是被余东农民画家的满腔热情所感染，还有可能是被中国乡村未来的发展前景所振奋，徐里提笔为余东村美术馆题写了“中国乡村美术馆”的馆名！

“二十四节气”与余东农民画的成熟

“二十四节气——柯城全国农民画作品展”面向全国，以“二十四节气”为主题，让广大农民画作者描绘自己熟悉的生活，弘扬中国传统民族民间文化，因此得到了各地农民画家的积极响应，收到全国除了西藏、海南、澳门和台湾外的省、市、自治区的投稿 1707 件，经过初评、终评两轮评选，最后确定了 201 幅参展作品。

这是衢州历史上第一次办国家级展览，也是中国农民画第一个有创作主题的全国展览，意义非同一般。对此，长期跟踪农民画发展，从事农民画培训、研究的浙江画院副院长池沙鸿做了一个透彻的分析。

中国农民画自 20 世纪 50 年代兴起、普及，70 年代之后走向深入，涌现出以陕西户县为代表的大批组织有序的创作群体，其浓郁的生活气息，生动的审美特质，自然的创作状态，以及农民画活动对各地农村文化建设的强力推进作用，引起了全社会的关注。后来居上的上海金山一改院校体系辅导农民画的模式，全面向中国传统民间美术学习，从移植、整理、发展到新创造，引领了农民画艺术语言的新方向。1983 年中国美术家协会举办了首次全国农民画展，促成了农民画的创作高潮。

在这以后，成千上万的农民画作者在全国美术界和各地党委、政府的推动下，在各级美协、文化馆的组织辅导下，创作出海量的艺术作品。这种以普通人群体创作为主的、基本上在专业美术院校审美体系之外的艺术创作潮流，为中国美术带来了鲜活的艺术风采，并成为国际艺术界特殊的文化现象。从历史角度审视，大量农民画优秀人才和优秀作品应该是中国文化的莫大收获，而农民画活动对于精神文明建设的作用更凸显出鲜明的中国特色。

2010年，中国文学艺术界联合会、中国美术家协会、中共浙江省委宣传部共同主办“农民画时代·时代画农民——全国农民画作品展”，首次以中国美术的主流学术力量，为中国农民画推波助澜。在筹备展览时，中国美协对全国许多“中国现代民间绘画画乡”进行了深入调研，对中国农民画的现状有了清晰的评估，对这一门类艺术发展有所规划，彰显了中国美术界的历史担当。

2014年“第十二届全国美术作品展”，将农民画引入“综合画种·动漫展区”的年画部分。五年一届的全国美展是中国最高水平的综合性大展，在此之前，农民画作品一直没有进入大展序列。而这次将农民画作为年画的一部分，以整体的绘画单元在大展中呈现，尚是首次。这对认可中国农民画的学术地位，提高农民画的整体水平，引导大众对中国农民画进行再认识，吸引更多人参加艺术创作，促进中国美术创作在更大范围的普及，从而提升全民的精神文明素质，都具有重大历史意义。

而“二十四节气——柯城全国农民画作品展”首次提出创作主题，规定创作幅面，可以看出中国美协的学术期待：一方面，希望冲击农民画几十年来形成的部分程式化趋向，在内容、形式和创作方式等方面限定条件，引导方向，确保全部作品都是新创作的，从而更加深刻地进行“深入生活，扎根人民”的主题实践；另一方面，希望有更多新作品出现，更多新人加入，扩大农民画创作队伍，从而推动中国农民画创作活动走向新的高度。从江南水乡到塞北高原，从东海之滨到河西走廊，从大兴安岭到岭南苗寨，全国各地人文地理有着巨大的差异，但在以二十四节气为代表的民俗上，却有着共同的理想和共同的精神境界。作者们以饱满的热情、自由自在的绘画语言，为大家呈现出一个散发泥土芳香、充满生活意趣、天真自然、缤纷绚烂的艺术世界，水平之高博得了评委们的赞叹。

池沙鸿在简要分析中国农民画历史进程的同时，也描绘了余东农民画的成长图景。

过去，不要说外省的书画爱好者，就是浙江本地的专业人士也没有特别看好余东农民画，总觉得它缺乏打动人心的艺术感染力。但这次完全不同了，郑利民、余云梅、余统善和谢秀丽等人凭借4幅作品各自获得了一次中国美协的入会资格；兰根良、吕卸良、巫锡良、余红梅、余良珠、余春良、余爱仙、金光炎、郑位良和郑根良等人的10幅作品，均成为入选作品。数量之多，质量之好，余东农民画令全国画坛刮目相看。

秀洲区农民画的辅导老师陈玉峰看了这个展览后“真的是大吃一惊”，余东农民画一下子“亮”了起来。陈玉峰拉住郑利民，问他：“这一步怎么跨得这么大啊？”郑利民回答“领导重视，领导重视”，就再没多说什么。

但郑利民心里还是笑开了花。2004年，他为了寻找余东农民画自己的绘画语言，曾经到嘉兴市秀洲区拜师求艺，“拜”的就是陈玉峰，“求”的就是秀洲农民画家的丰富经验。2007年，余东村曾选了12幅农民画到秀洲参加第四届“中国农民画艺术节”，有2幅作品获

巫锡良 冬至

得铜奖，当时余东画家不知道有多欢欣鼓舞。这十多年来，他们努力以陕西户县、嘉兴秀洲为榜样，一直努力追赶他们的步伐，努力探索余东农民画自己的表达方式和绘画语言，现在，在郑利民看来，余东农民画有了自己的独特性，就像稻田里的水稻，开始慢慢成熟了。

本质上，余东农民画传递的是农民画共同的价值观。农民画是新中国成立后诞生的艺术画种，与传统年画有相似处，经过60多年的发展，已经渐渐确立了其“现代年画”的主流艺术语言，以传承中国传统民间美术审美为方向，挖掘普通人的原生态艺术创造本性，吸收各种艺术成果中天真、自然的语言元素，描绘中国农村的时代风气，反映当代劳动者积极向上的精神面貌，充分激发了普通人参与艺术创作的潜能，为在更广大的城乡群众中开展艺术创作开辟了广阔的空间。

在绘画语言上，通过“二十四节气——柯城全国农民画作品展”，我们可以看到余东农民画的一些艺术特点：

一是在区域上，生活化场景丰富，本土文化特色浓郁。余东老百姓房前屋后的果树、风中摇曳的修竹、纵横交错的田垄、静水流淌的河流……日常所在，周边农事，春耕秋收，田间地头，就是余东农民画所要叙述的内容。并且，这种叙述不是简单重现，而是融入个人感情色彩的概括和提炼，从而成为抒发真实情感的审美载体。郑利民的《九华立春祭》展现的就是柯城农村重要的传统项目，笔触生动，热闹非凡，场面比较大，有着明确的指向性。其他余东农民画家的绘画语言也充满原生态的表达，是自由自在的挥洒，避免了主题创作容易出现的图解模式。特别是他们通过色彩对比、点与块对比、线与面对比，让画面突破了时间和空间的限制，内涵极为丰富。

二是在表现上，艳丽的色彩、朴拙的造型及色块的大量使用，加上以绵密满幅为主的构图，有一些呈现空间意识和时间叙事的特征，他们还突破“宜藏不宜露”的绘画创作原理，画面不留空白，不追求空灵，而求丰满充实，画风景满山满水，画人物敦实可爱。但同时每个人又都在努力寻找适合自己表达的方式，他们以奇瑰异趣的符号装饰，突出其构成，并用最简单朴实的图案表达自己最真挚浓烈的感情。此外，剪纸左右对称的构图、刺绣严谨的几何布局、古建筑木刻木雕的纹理，还有青花瓷的青白对比效果，都被余东农民画一一吸收，形成画面饱满、造型夸张的风格。篾匠出身的余统善的《处暑》，无论造型上的箩筐、雄鸡，还是色彩上的暖色调，都带有浓厚的竹编“篾”味和刺绣风格。吕卸良的《夏至》构图左右对称，有一种稳定的装饰性。巫锡良的《冬至》、余春良的《立冬》、余爱仙的《冬至》都有青花瓷一般的青白对比，引人注目。

三是在色彩上，一方面，余东农民画家讲究用同类色进行表现，

余云梅 雨水

余红梅 立冬

但同时恰到好处地使用了补色。如谢秀丽的《小满》，在一大片的红色、橙色中，以桥梁的淡粉色区隔画面，比较协调、统一，又呈现出现代立体的风格；而绿色的飞鸟、嫩黄色的树枝和衣服，把绿与黄两种颜色运用得恰到好处。此外，余良珠的《处暑》能够平衡视觉，达到补充或修正人的审美感觉的目的。另一方面，他们并不拘泥于色彩的规定样式，而是根据题材与情感的需要，使用对比色，产生强烈的色彩反差。如兰根良的《立夏》，大红大绿产生的视觉冲击力，传达出农民丰收后兴高采烈的欢快情绪，画面虽用平铺的色块表现，但在对形式感的把握上，吸收了一些西方绘画理念，值得关注。

四是老作者的作品出现了新意。这种新意，一方面得益于“二十四节气”主题规定后的要求，另一方面也来自作者创作上的自觉。郑根良的《立秋》构图稳定，虽然满幅红色，但色彩处理得当，颇有层次，巧妙运用青花瓷画龙点睛。郑位良的《春分》造型夸张，绿、蓝、黑、黄四色运用大胆，还使用了现代艺术的多种手法。金光炎的《白露》一改过去用色丰富的写实手法，而以红白为主，用蓝黑点缀，从群羊的造型上，能看出老先生细腻的功底。疏朗的构图、生动的描绘，已经显示出他有显著的突破。

五是作者群体年轻化趋势扩大。他们文化程度普遍较高，善于学习，涉猎广泛。从作品中可以看到，他们了解传统文化知识，对土地和生活观察细致，表达因此有了新意。像余云梅的《雨水》，雨伞的团块与雨水的线条构成了一幅动态的市井图，把接送孩子上学读书的生活日常，描绘得温馨而美好。又像余红梅的《立冬》，以橘黄为主色调，橘子丰收的喜悦油然而生，周边牛羊、小鸟、蝴蝶、树枝的装饰，很好地吸收了剪纸的韵味和建筑“牛脚”的艺术元素。两位农民画的后起之秀都有不凡的实力。

第九章

梦想花开的时刻

“种文化”与进京展

“二十四节气——柯城全国农民画作品展”的成功举办，使余东农民画以自己的独特画风出现在中国农民画的舞台上，令众人刮目相看。

在这个816人的小山村里，业余书画爱好者已经超过了330人，农民画家骨干成员达到30多人，有1位中国美协会员，9位浙江省美协会员，累计创作农民画2000多幅。到2019年，有370多幅农民画作品先后在中国文联、中国美协、中国民协、国家文化部、国家财政部、国家审计署、浙江省委宣传部举办的全国民间绘画大展中获奖；有200多幅作品在《人民日报》《光明日报》《农民日报》《中国文化报》《中国美术报》《艺术世界》《浙江日报》等60多家报纸、杂志发表；有过百幅作品被浙江、甘肃、陕西、山东、吉林、江西、贵州等省的美术馆以及当地农民画艺术馆收购收藏；有500多幅作品先后在北京、上海、杭州、深圳、陕西、香港、澳门、台湾等地，甚至日本、阿曼举办过展览。

时间久了，大家慢慢产生了一个念头：什么时候，我们余东农民画也能到北京举办一个正式大展呢？梦想还是要有的，万一实现了呢！

2018年3月，中国农民画推动者之一、画家廖开明慕名来到了余东村，对农民画家进行指导，当他看到余东农民画质量上乘，有了自己的绘画语言，在数量上也有一定的积累，明确表示："你们已经具备了去北京办画展的实力。"这让农民画家信心倍增。

2019年初，国家文化部人事司司长来浙江进行乡村田野调查，一眼就相中了余东农民画。4月，他又专程来到余东，现场召集余东农民画家座谈，考察余东农民画的整体实力。他从那些农民画家的眼神里，看到了他们内心那份强烈的渴望。

如果把办展地点放在中国美术馆，会有许多实际困难，司长主动提出放在北京恭王府博物馆。一是此地为文化部的下属单位，容易协调，还可以免除余东农民画的展出费用；二是这里场地大；三是恭王府博物馆是一个对外开放的旅游点，游客众多，每天都有8万到10万人次的客流量，可以更大范围地宣传余东农民画，还可以同时推销余东农民画的文创衍生产品。

这是多么好的事情啊！余东农民画家心头一热，真的是太感谢文化部的领导同志了！沟溪乡党委、政府的主要领导立即行动起来，和郑利民一起专程去了北京，又是这位司长冒着酷暑，带衢州的客人去现场考察了恭王府博物馆，落实了展出场地在嘉乐堂。

2019年正是举国欢庆新中国成立70周年的年份，余东农民画家进京办展览的梦想就要在这一年实现了，这是他们过去想都不敢想的大喜事！他们要向党和祖国汇报，向首都人民汇报，向一直关心、支持余东农民画创作发展的各级党委、政府和领导汇报。

往事历历，难以忘怀，在这美好的时刻，余东农民画家们更加想念那些曾经的浙江省老领导。农民画家知道他们一定很忙，但仍然盼望着能在百忙中抽身前来，亲眼看一看当年他们夯土施肥的小树苗，如今茁壮成长为怎么样的一棵大树了！新的作品、新的面貌、新的发展，农民画家“种文化”，种出了今天新农村的新风采！

场馆解决了，请柬发出了，方方面面的事情也在紧锣密鼓地张罗着，其中，最激动又最紧张的当然是大展的主角：余东农民画家们。

他们激动的是，这次是到伟大祖国的首都北京办展览，自己的画如果能选去参展，不仅是对个人绘画水平的一种肯定，更是自己一生中最值得回忆的荣耀。

他们紧张的是，与以往各种展览和比赛不同，这次进京大展既是对余东农民画几十年发展的一次检阅，又是浙江农民画水平的一个侧影，更是贯彻落实“八八战略”，努力建设“文化强省”的一个生动案例。

农民画家们个个摩拳擦掌，暗下决心，一定要画出自己最好、最满意的作品来。一些农民画家甚至都不愿出去打工了，一天到晚猫在自己的画室里精心创作。

郑利民等几个主要骨干，除了搞好自己的创作外，还抽出大量时间指导其他农民画作者创作，在选材、立意、构图和选色上进行了充分的交流和细心的辅导。

接替刚刚退休的郑利民担任沟溪乡文化干部的冯一豪，也是使出了浑身解数。这位 2005 年毕业于杭州师范学院美术系的高才生，有着十多年美术教学的丰富经验，个人作品也多次入选画展并获奖，特别是在 2019 年“第十四届浙江省美术作品展览”中取得了佳绩。因此，冯一豪从专业方面给了农民画家们许多有用的建议，就是在画框的选择和制作上，他也调整了原来的思路，改用铝合金画框，更加高端、大气，以增强作品的现代感。在具体策展落实中，冯一豪也拿出了专业技能，指挥北京的布展公司突出农民画的现代绘画特色，精益求精，直到开幕前一天，他还在做布展的补充、调整和完善工作。

终于到了交稿的时刻，一幅又一幅农民画交到了农民画协会，共有 300 幅之多，郑利民就像秋收的老农看着满仓的果实，心花怒放。

浙江省美术家协会再一次伸出援助之手，参与、主办进京展览。罗剑华专程赶赴北京，分别前往中国美协、中国国家画院，向相关领导汇报各项筹备工作；骆献跃、罗剑华又专程来衢州主持选画工作。骆献跃对郑利民说："你们现在的作品，与以前相比，真的是有了跨越式发展，不可同日而语啊！我们一定要选出最能反映现代农民生活面貌的图画去参加这次进京大展。对浙江省美术界来讲，这也是一件大事啊！"经过反复比较、挑选，终于在 300 幅投稿作品中挑选出了 100 幅，作为正式的参展作品。考虑到要鼓励余东农民画后继有人，又增加了 3 幅少儿作品，这样就有 103 幅作品正式参赛了。展览的名字，也早就在余东农民画家的心里想好了，那就是"种文化"！

这些年来，余东农民拿起锄头能种地，拿起画笔能画画。画，越画越好；人，越聚越多。他们努力把文化"种"在这片土地上，"种"在自己的生活里，更"种"在他们的梦想中。现在农民画创作有收成了，春华秋实，硕果累累，这 100 幅作品就是最好的证明，梦想花开的时刻到来了！

2019 年 12 月 29 日，20 位余东农民画家带着全村老百姓的初心与梦想，踏上了衢州到北京的航班，飞往首都。这些老实巴交的农民每个人都画过北京，但大部分从来没有到过北京，现在，他们就要从画里走进真实的北京城，并且还是人生第一次坐着飞机去北京，那个高兴劲儿是没有办法描述的。

“种文化——余东农民画进京展”（《美术报》记者黄俊娴摄）

更重要的是，坐飞机仿佛是一个精彩的隐喻，泥腿子到王府去办画展，这样巨大的历史跨越是不是“一步登天”？只有在新时代，农民对美好生活的向往，才会这样一步步成了现实。

开幕式那天，北京气温零下12度，但严寒挡不住人们前来恭王府博物馆参加“种文化——浙江衢州柯城余东农民画进京展”开幕式的热情。在嘉乐堂的主殿，展出了余东农民画的历年获奖作品和近年优秀作品；在东偏殿，是“种文化，树新风”的主题，展示了近年农村经济文化各方面取得丰收的画面；在西殿，是“五水共治，绿水青山”主题，展示了农民画家围绕党和政府的中心工作，宣传党的大政方针，乡村取得的新面貌，“绿水青山就是金山银山”。

中共中央宣传部副部长来了，把中宣部领导对余东农民画的殷切期望和对农民画家们的亲切问候带到了现场；中国美术家协会副主席徐里来了，他再一次看到了余东农民画的作者们，扎根在自己的土地上，用饱含热情的画笔和超凡的想象力，书写着共和国的历史进程；中国美协秘书长马锋辉来了，他代表中国美协作了热情洋溢的致辞，给了在场的农民画家“如沐春风”的鼓励。

原中国国家画院副院长、著名美术理论家张晓凌在参展时感慨：“学院派的画家都不敢这么画！”他认为，在画家们被现代绘画技法所约束的时候，这些农民画家的画作让他们看到了绘画的另一种可能性。他从专业的角度提出要重新审视农民画的学术地位，特别是它的当代性和诗性。在他看来，余东农民画具有当代性，把当代新农村建设的题材和当地农民的精神风貌表达得很充分，呈现出一种非常有时代感、有鲜活气的美学风格。同时还有着文人气息和诗性，它的语言是反复磨炼出来并带有诗性品质的，这是源于浙江文人雅士风范的长期浸润，它的风格设置和构图都非常用心，是比较高雅、抒情、文人气的一种风格。张晓凌因此把余东农民画概括成当代绘画，认为它已经超越了一般人所理解的农民画，渐渐脱离了那种原始、质朴、古拙的风格，而上升到文人的抒情、畅情、达意的高度了。而著名国画大师朱颖人更肯定余东农民画“是全国格调最高的农民画”。

各种各样的参观者挤满了开幕式的现场，他们有的是慕名而来的书画爱好者，有的是在京攻读美术专业的高校大学生，有的是旅居北京的衢州老乡，但更多的是来恭王府旅游的普通游客。热情的观众把展览现场挤得满满当当，手机拍照的咔嚓声此起彼伏。他们中的绝大部分人还是第一次接触到农民画这个画种，许多人表示，在图画中看到了自己小时候的生活，引发了对遥远故乡的浓郁思念。

以余东农民画为主题的25款文创衍生产品也同时推出，观众把展台围得水泄不通，各种手提包、丝巾、雨伞、折扇、小屏风、装饰画等被一扫而空。一对北京小夫妻看了画展，买了丝巾，男孩当场就把丝巾围到了女孩的脖子上，还兴奋地说，这就是最好的年货。

赶来观赏画展的还有许多国家级媒体的记者，新华网、新华社客户端、《人民日报》、人民网、《农民日报》、《光明日报》、《中国文化报》、《中国美术报》、中新网、中国网、中国发展网、学习强国平台等的记者都来了。新华社报道的标题是“来品品浙江柯城余东农民画的乡土味乡亲情乡愁味”；中新网报道的标题是“浙江衢州农民画进京：从种庄稼到种文化的美丽跨越”；学习强国平台用了《中国艺术报》的标题“800人的村庄，300人是农民画家，农民画创作成为浙江衢州余东村村民致富的新途径”；《人民日报》则以“扛锄头的画家”为题，以余东农民郑根良为主角，发了一组郑根良劳动与画画的照片……

“种文化——浙江衢州柯城余东农民画进京展”从2019年12月30日开始，原定至2000年2月2日结束，结果因为突如其来的新冠疫情，一直到了当年10月才结束。

几位曾先后担任过浙江省委书记的老领导，也兴致勃勃地来到了展览现场，他们一进展厅就和那些画家朋友亲切打招呼，还和现场的农民画家一一合影，说：“看到你们的邀请函了，余东的老百姓一直记着我们，我们也一直记着你们啊！”

心与心相连，是需要有形的载体来实现的；在余东老百姓看来，这个载体就是农民画。从2006年到2019年，在十多年的时间里，一些关心余东农民画成长、为农民画培土浇水的领导们陆陆续续离开了浙江这片热土，他们的工作环境和工作岗位变了，但他们心系百姓的情怀没有变，联系群众的本色没有变！

作为当代艺术的中国农民画

受“二十四节气”专题性农民画展取得成功的启发，2020年9月，中国美术家协会、浙江省文联在杭州富阳又举办了第二个专题性农民画展，这个画展的主题目为“决胜全面小康——第二届全国农民画作品展”。

在这个展览中，余东农民画又获得了大丰收：方丽《新时代、新跨越》、余云梅《小康带来乡村美》、余晓勤《小康路上齐奋进》等3幅作品获“入会资格一次”（最高奖），兰根良《脚踏实地奔小康》、巫锡良《吉祥图》、余志清《文化新村，小康生活》、余爱仙《共享小康幸福》、郑孝增《创新实干奔小康》、蓝慧平《致富人家硕果香》等6幅作品入选，再一次显示出余东农民画的不凡实力。

获奖画家余晓勤这样介绍自己的创作灵感：“柯城的城市品牌是‘衢州有礼・运动柯城’，我就结合区里开展的自行车赛事，创作了《小康路上齐奋进》，希望通过画面展现人们拼搏进取、齐心迈向小康生活的决心。”

就在这个展览开幕的前一天，9月21日，在余东中国乡村美术馆，中国美术家协会、浙江省文联、中共衢州市委宣传部主办的“决胜全面小康——全国农民画研讨会”，对中国农民画的发展在理论上作了回顾与总结，余东农民画家得以直接接收众多理论家的点评，正如骆献跃所说:“全国农民画研讨会放到一个村里开，这是中国美术史上都没有过的。一方面，是余东在农民画上做出了好成绩；另一方面，也反映了中国美术家协会深入基层，深入人民。”

这一天还是中国乡村美术馆落成开张的大喜日子。在余东村的村口，在母亲河大俱源的溪边，占地10多亩、建筑面积超过4000平方米、总投资2000多万元的“中国乡村美术馆”拔地而起！由浙江省文联和衢州市委宣传部共同主办、浙江省美术家协会和衢州市柯城区人民政府承办的“奔小康——全国农民画联展”也同时展出。

展厅内，宽敞明亮的空间，安静舒适的艺术氛围令人难忘。纯色的墙体上，陈列着色彩斑斓的画作。墙体的上端，或明或暗的光线投射在一幅幅画作上，优化了色彩强烈的画面，让前来看展的观众们沉浸在艺术的海洋之中。

美术馆外，大批的游客正在村庄里行走，他们或高声评论墙上的农民画，或驻足停留，呼朋邀友拍照留念，他们的快乐与那些农民画，都定格在了这个充满丰收气息的明媚秋天。

在研讨会上，中国美术家协会秘书长马锋辉，中国美协理论委员会主任、美术杂志总编尚辉，国家非物质文化遗产专家委员会委员、中国艺术研究院研究员孙建君，中国艺术研究院研究员郑工，中国美术学院教授、文化遗产保护研究中心主任郑巨欣，中国美院教授、潘天寿纪念馆馆长陈永怡，浙江画院一级美术师罗剑华等专家，结合中国农民画现状，围绕“决胜全面小康”主题，探讨农民画创作方向，谋求“赋能乡村发展、促进乡村振兴”的新篇章。

有专家认为，当代艺术是一种艺术观念，北京宋庄“798”是中国当代艺术的聚集地，但受西方影响太大，中国本土的、原生的当代艺术，基本没有令人信服的创作成就。中国艺术家在当代艺术的理论建构上，基本没有话语权，因此要产生中国自己的当代艺术非常困难。

这一观点是否正确、是否成立，专家们各抒己见，但大家比较一致地认为，农民画确实有着成为中国本土当代艺术的可能性。从时间上看，中国农民画产生于1958年前后，此时，世界当代艺术也处于草创时期，中国农民画与世界当代艺术几乎同时起步；从路径上看，中国农民画家都不是科班出身的艺术家，纯粹是一种源于内心的自发创作，与欧美当代艺术家产生的路径也大致相似。

有专家认为，余东农民画与16世纪尼德兰地区画家彼得·勃鲁盖尔的创作，比较相像。

勃鲁盖尔的《农民的婚礼》正面反映了农民平凡而温暖的生活。为了让图画和农村的简朴气氛相适应，艺术家有意让所有人物的衣着保持一色，明暗大为淡化，甚至将阴影省略。在空间效果上，艺术家应用了对角线构图法，从餐桌一端斜向展现纵深，将众人围聚就餐的情景表现得条理清晰，洋溢着隆重甚至圣洁的气氛。他的《农民的舞蹈》描绘的是一群农民，在乡村空地上跳着笨拙的舞蹈，人物形象纯朴、憨厚，人物性格豪迈、乐观。而《孩子们的游戏》则将16世纪尼德兰地区孩子的种种游戏，淋漓尽致地呈现在画布上，因此被誉为“儿童游戏的百科全书”。

中国和荷兰，隔着约7900公里广袤的地理空间；21世纪和16世纪，又相隔了近500年漫长的岁月。但是在以农村生活为艺术创作题材方面，余东农民画和勃鲁盖尔就这样天然地联系在一起。

勃鲁盖尔是一位最早自觉画农民的画家，对农民生活怀有感情，对农民形象和生活细节观察入微、描绘如真。他笔下的人物装束富有鲜明的民族特征，画中环境具有浓厚的地方特色，从对农民们生活用品的描绘中，也可见画家静物写实之功力。他被公认为欧洲美术史上第一位“农民画家”。

而在中国，并没有按照题材定义“农民画”，而是按照作者的职业身份进行区分，这里有其历史原因。在 20 世纪 50 年代的“大跃进”时期，中国农民画发展达到了第一次高峰。当时创作这一类作品的几乎都是农民，这是中国人口最大的群体，也是民间艺术保留得最好的群体，又是执政党和政府最为关心的群体。“农民画”承载着这样特征，因此成为中国美术史上一道亮丽的风景线。

现在，中国社会的发展已经到了一个新的历史时期，社会各个阶层的职业区分边界，已经有了新的调整，如果继续简单地按照职业身份来框定艺术分类，就有可能限定其蓬勃发展。

一是随着中国经济的高速发展，农民的生产生活方式有了巨大进步。过去农耕劳作时代，农民画家的创作状态是“一手拿锄头，一手拿笔头”，但新一代农民则是“一手拿手机电脑，一手拿科技发明”。并且，农民画除了是个人的艺术创造外，还慢慢介入了文化和旅游产业，是乡村振兴整体战略中的一个重要内容。农民画已经不再是农民的绘画，而是当代乡村艺术的一种呈现方式。

二是当代农民的身份有了新的内涵。中国城乡一体化将成为新的趋势，在浙江已经成为当下的现实。随着农村城镇化的不断推进，特别是未来社区的精心打造，越来越多“农民”变为了“居民”，整洁富裕的新农村和发达繁华的大城市融为一体，“农民”一词将不会是原来的含义。特别是“归乡人”“新乡人”不断加盟，农民画建立在新的创作理念、知识水平和美学评价之上，将会有很大的不同。

三是农民子女受教育的程度大大提高，知识结构和城市孩子没有多大区别。此外，农民画家通过互联网与世界连接，视野更加开阔，创作手法也越来越丰富多彩，一些表达方式逐渐与世界美术趋势接轨。像秀洲缪惠新的农民画就有当代艺术的萌芽，这位油车港镇的农民，爱好现代诗歌，从中吸收艺术元素，产生了一些具有表现主义特点的农民画作品。所以，随着终身学习和网络连通，未来的农民画必然会向当代艺术转化。

四是农民家庭经济条件的改善，使农民画家创作的内心驱动力增强，自觉性上升。现在的农民，已经不再是只能靠耕种吃饭了，第一产业的分量越来越轻，第三产业的势头越来越旺，“绿水青山就是金山银山”的伟大实践，越来越成为农民现实共同富裕的真实图景。“仓廪实而知礼节”，农民画家生活富裕了，再来进行艺术创作，往往会更加听从于自己的内心，就会有更多的艺术自觉，心灵表达越充分，就越接近于当代艺术的本质。

事实上，作为文化事业的管理部门，文化部和中国文联一直在顺应时代变化，扩大“农民画”的内涵。

1983 年，文化部举办第一次全国农民画展，对参展作者资格的规定，首先是农民，其次，县一级的非农民作者亦可。这就初步确认了，不一定非要农民身份才可以创作农民画。身份不重要，重要的是农民画的艺术特色，文件规定的一个前提是，作品必须具有农民画的基本特点和审美内核。这个图式必须具有民间美术而非专业美术的特点，这个审美内核主要是质朴、稚拙、天真、幽默，要达到巴金先生所说的“无技巧”。

这个展览评定了两个一等奖。一个是由农民创作的中国工笔画。另一个是浙江嘉兴农民张觉民以民间艺术形式创作的新农民画。

这种“新农民画”是在上海金山开创的，在 20 世纪 70 年代蜚声海内外。新农民画与那些在学院规范教育下而成为主流的中国画、油画、版画、水彩粉画等艺术样式不同，完全以中国传统民间艺术的造型、构成、色彩理念和农民自身原生态的创造结合，呈现出前所未有的艺术样式，1983 年以后成为中国农村美术创作的重要内容。

为让这种艺术形式不断发展，有必要把“农民画”与民间的版画、年画作出区分。于是，浙江省美术界的池沙鸿、刘文沪、张乃勇专程到上海，与金山农民画的辅导者吴彤章进行了交流探讨，大家一致提出了一个新的名称，叫“现代民间绘画”。

1985 年，中国美术馆的廖开明来浙江征集农民画作品，与浙江同仁讨论后，接受了这一概念。他又在全国各地农民画家、辅导老师中广泛征求了意见，这一名称得到了大家的认可。同年底，廖开明在美国推出新农民画展览时，首次使用了“中国现代民间绘画展览”的名称。

紧接着，1986 年首届中国艺术节中，文化部第一次举办了“全国现代民间绘画展览”。1988 年，文化部专门命名全国 50 多个县区为“中国现代民间绘画画乡”。此后全国各地的农民画展，基本上都是冠以“现代民间绘画展览”的名称。

到了 2017 年，中国美术家协会主办“二十四节气——柯城全国农民画作品展”，在征稿启事上有了一些变化，一是在报名登记表上，已经将“职业身份”一栏删除。在被问及“农民画画家的身份是否必须是农民”时，明确回答：只要是“现代民间绘画”的艺术形式，就可以界定为农民画，个人的职业身份无所谓。二是在绘画材料上，不局限于传统的纸上水粉画，强调只要有农民画的气息，其他材质的绘画作品都能参赛，因此木刻版画、套色粉印、丝网印、磨漆画、油画、丙烯画等作品明显增加，这就为其他画种进入农民画，打开了

余东村景小巷深处

大门。

从“农民画”到“新农民画”，再到“现代民间绘画”，从纸上水粉画到各种艺术材质的画，中国农民画越来越向当代艺术靠近。中国农民画的长期探索和巨大成就，必将使中国当代艺术的学术内涵更加丰富多彩。

学院派的规范训练，决定着职业画家讲究笔墨、构图、透视、造型、层次、虚实、气韵，这是职业画家的长处，也是农民画家的短处。但任何事物都有两面性。凡是作画必讲出处、规矩、章法和师承，何尝不是一种束缚？一些前卫画家借鉴农民画的“无理”“无法”“无天”，反而成绩斐然。近代大师任伯年、齐白石就是从民间画、太公画中汲取养分，脱胎而来，成为一代宗师。西方稚拙艺术、素人艺术等原生态艺术，也是由普通人的艺术创作，而成为一种国际艺术流派，一些西方现代艺术大师就是通过这种路径取得成就的。

回头再将余东农民画，与其他省份的农民画作一个横向比较，其优势是显而易见的。无论是整体水平、创作热情，还是团队数量、地方特色等，余东都是比较靠前的，特别是一些地区农民画队伍已经加入大量的专业画家，农民画的原汁原味有所稀释。而余东农民画家还保持着纯粹的血统，他们中的绝大多数还是原生态的当地农民，一些原来的油漆匠、雕花匠、箍桶匠、木匠、篾匠凭借着自学的绘画知识，借鉴生活中遇到的剪纸、门神画、太公画、印花布、刺绣、木刻，甚至是北方的皮影戏，还从本村以及相邻的五十都村、沟溪村至今保留着的晚清砖雕、木雕、石雕及建筑彩绘中，汲取养分，保留了民间传统艺术的多样性、趣味性、生动性，把富有时代气息的农村生活和对未来的憧憬，用大胆、夸张、变形等独特的绘画语言表达出来。他们没有背离中国民间传统文化元素的记忆，而是更加彰显了农村传统艺术向现代审美转换的探索与实践。他们构图不受时空条件的束缚，色彩不受自然真实的局限，形体不受常规比例的制约，形成了构图饱满、朴拙热烈、带有浓厚乡土气息的风格，与西方野兽派的马蒂斯、立体主义派的毕加索遥相呼应，在中国画坛中独树一帜，农民画就是新时代中国的当代艺术。

农民画的“小康之路”

农民画家不仅从艺术创作中获得创造的快乐，还从市场之路中收获财富的喜悦，这是他们奔小康路上收获的梦想。

余东农民探索农民画“小康之路”的路径，基本上经历了从卖图画到卖工艺、卖墙绘、卖品牌的过程。在美丽乡村建设的版图上,“余东农民画”从农民业余创作变成一项越来越广阔的乡土文化产业。这也是余东农民画拥有生命力的奥秘所在。

余东农民画刚兴起的时候，衢州市区一些茶楼、饭庄的老板经常来余东村购买农民画，也有来自杭州、义乌、富阳等地的农家乐老板慕名上门。一家刚刚落成的茶楼的老板，抱着试试看的心情前来参观农民画画展，一下子被捕获了“芳心”，一口气选中了 20 多幅农民画。

2007 年，郑利民用面包车载着农民画家和作品，参加中国义乌文化产业交易博览会。在会上，一位义乌老总向郑利民提出购买农民画十二生肖的出版权。郑利民原来以为他只不过说说而已，没想到文博会结束后不久，义乌老总便来到余东村，与村里签订长期产销合同，还当场预付了订金。2019 年 4 月，余东村在衢州市举行的“绿水青山就是金山银山”农民画拍卖会，又成功拍卖了 84 幅作品。

2007 年，余东农民画家在中国义乌文化产品博览会。

通过多届义乌博览会、深圳文化博览会、西湖博览会以及与电商合作的产销平台，余东农民画远销到了中东多个国家，同时还受到来自美国、德国、英国等国画家的青睐。

衢州市与美国明尼苏达州雷德温市是友好城市。1942 年 4 月，美国实施“杜立特行动”轰炸日本东京，后因故迫降在衢州地区，得到了衢州人民的拼死营救，谱写了中美两国并肩抗日、生死相依的壮歌。因为这段缘分，从 1994 年开始，衢州市与雷德温市经常互派代表交流学习。2002 年春天，雷德温市特别安排一个“学画之旅”，派画家访问余东村。

中美艺术家交流的那天，金光炎画了一幅表情稍有夸张而富有内涵的美女头像，余统德则直接饱蘸丙烯颜料，让一头怒目圆睁的大水牛狂奔在纸上。两位画家的作品引来美国画家们的一片惊呼！来访的美国客人中的大多数人都有一定的绘画基础和鉴赏能力，他们纷纷站在绷好的画布面前，用画笔画出油画小品，用炭笔勾出人物速写和素描，也让余东农民画家们非常佩服。依依惜别的时候，中美两国、衢雷两地的画家交换了画作留念。

因为这次愉快的交流，余东农民画也漂洋过海得到了美国人民的喜爱，雷德温市几乎每年都有画家来到浙西这个小画村。一直见证着衢雷友谊的郑利民清楚地知道，美国女画家唐·爱丽克逊就先后4次来到余东，她是彻彻底底爱上了这个江南画家村。

最近几年，衢州市都会举行南宗孔氏家庙祭孔仪式，祭孔期间，还会邀请世界各地的多家孔子学院的专家、学者和学生参与并访衢，其中，赴余东村体验学习农民画，便成了祭孔行程中的一项重要活动。

来余东村的有美国、韩国、日本和新加坡的客人，最近几年更多的是非洲孔子学院的学生们，以津巴布韦、喀麦隆、赞比亚、坦桑尼亚、尼日利亚、加纳为多，每次都有三四十人。这些来自世界各地的客人对农民画有着特别的热情，或勾线填色，或直接挥写，乐此不疲，大多数人临走时刻都依依不舍。

前面说到，2010年初，根据国家文化部的组织安排，郑利民代表余东农民画家到阿曼参加“第十届马斯喀特世界文化艺术节暨民间工艺展示会”，为期一个月，他带去的150多幅农民画一下子就卖完了，他有的是时间，每天琢磨印度、埃及、罗马等国顶级工艺大师展示的工艺品，研究他们的民族特色和工艺技能。回国时，郑利民买了许多国家的工艺样品，几只旅行箱塞得满满的。机场行李限重20公斤，郑利民大大超标了，一开始机场不给放行，他急中生智，用刚刚学会的三四句当地语言，“你好”“谢谢你”“帮帮忙”等，不断与机场工作人员交流，对方被他的真情所打动，也就网开一面了。

回国之后，郑利民与农民画家们一道分析样品，又进行研究，最后一起制定了产品开发计划。在他的带动下，余统德、郑根良、郑华土、毛老虎、张耕良、巫锡良等几位农民画家每人出资2000～3000元，共自筹资金10万元，成立了“余东民间特色工艺品合作社”，以“协会+农民+营销公司+基地”模式，逐渐形成自己的生产销售体系，先后开发出拥有知识产权的余东农民画工艺产品10多个系列20多个品种，如工艺品小屏风、木雕美术工艺框、工艺台面画、工艺品挂件、装饰农民画、丝巾、茶具等，这是第一代余东农民画衍生产品。

在此过程中，由于缺少必要的机械设备与专业指导，产品质量不能令人满意，经济效益也不好。农民画家们选择不放弃，乡里领导也多方帮助寻找出路，他们先后到温州瑞安、嘉兴海宁、金华义乌等地的工艺品厂参观、考察，不断改进制作技能，从而取得关键技术上的突破，陆续开发出第二代、第三代农民画创新产品，农民画工艺品更是达到了26个系列63个品种，如丝织品系列、包袋系列、雨伞系列、春夏秋冬条屏系列、点钻画系列等，同时还延伸到花灯设计、篾器编作和穿珠工艺中。这些产品曾荣获2016年国家旅协“文旅新产品优胜奖”，2017年浙江省旅游产品银奖等。慢慢地，他们摸索出了集工艺品设计、开发、试制、培训、生产、销售于一体的发展模式。

“创作在纸上，赚钱在墙上”。农房院墙上的农民画将村庄装点得别具一格，这是余东农民画走向“小康之路”的又一个路径，而农民画走向这条路径，则完全得益于新农村建设“千村示范、万村整治”这个伟大工程。

“千万工程让余东村发生的变化，可不是一点点。”余良耀这样和我说。以前，余东村也是乱扔杂物、乱倒垃圾，随处可见断壁残

余东村墙绘

垣、瓦砾废料，连片而依的老旧房子破漏失修濒临倒塌，乱排污水几乎让河道变成了垃圾场。于是，沟溪乡政府加大了对余东村的投入，余东村村委会进行了统一规划，实施“三改一拆”“五水共治”雷霆行动。他们对大量的垃圾进行了清理，对乱搭乱建的建筑进行了整治；把纵横交错、如同“蜘蛛网”的电线，统一改造到了地下；他们还把泥泞不堪又狭小逼仄的村道，修成了平整宽大的柏油马路。经过这样的整治，余东村的面貌焕然一新，小桥流水，瓜果满院，古树参天，山清水秀，变得越来越美丽而整洁。

在对原有的老旧房子进行“微改造”方面，余东村领导很有超前意识。2009 年，村里收购了 17 幢破旧房子。2014 年，村里又对村民住房拿出了三个方案：一是土地存入土地银行，二是破旧房子存村里，三是进行流转，统一置换到村集体的名下。最后有 35 户 89 幢房子集中到了村里，余东村就统一修缮，修旧如旧，改造成为咖啡屋、农耕馆、竹编馆……画龙点睛的“微改造”，不仅保持了乡村的“乡土味、乡亲味、乡愁味”，也完善了村庄公共服务功能，提供了创业空间和休闲场所，同时还让余东村的后续发展有了很大的腾挪空间。现在，只要穿过余东村溪畔那道由农民画油纸伞和绿萝构成的拱门，你就会看到，一面是白墙碧瓦，一面是流水潺潺，茂盛的老树荫下，创意文化市集里人流如织，老人们在公共茶座里三五围坐，品茗畅谈；孩子们在数字连环画艺术体验馆里流连忘返；路边的“农家乐”饭店，饭菜飘香，宾客盈门……

画在村中，人在画中。外地游客一到余东村，随处可见墙上各种各样的农民画，马上感受到画村与众不同的独特氛围和艺术品位。

余东农民画家在画墙画时精益求精，这样工作就有点繁复，进度很慢，“一天到晚只能画二三个平方，”余云梅戴着笠帽、擦着汗水说，“但总比出去打工好哇，在家能够照顾到年迈的父母和公婆。”她红扑扑的脸上露出满足的笑容。

那天我采访巫锡良，他正在40多度的烈日下绘墙画。他朝我笑的时候，两排牙齿与晒黑的脸庞一比显得雪白。他告诉我，墙画每平方米能赚二三百元。2020年，他的收入是10多万元，2021年三个季度还没有过去，已经进账5万元多了。

余东农民画的墙绘不仅在本地流行，还在城里成了“香饽饽”。近年来，浙西衢州一带大力激活徽派老建筑的文化含量，就给余东农民画家以用武之地。

有一年，衢州老街水亭门文化街项目需要徽派马头墙的传统墙制，城建公司找到了余统德。一开始，他们心里没有底，就让他画墙的角落，中间大面部分由美术专业的画家承担。画了20多天，公司领导发现，角落边的图画更加古色古香、精彩鲜活。于是，后来衢州

本书作者郑晓林采访农民画家后，在山海合作项目“北川馆”门前合影。

水亭街、新桥街一带的古建筑墙绘，都由余统德和徒弟们承担了。慢慢地，江山、开化、常山的古建筑，还有台州仙居寺庙的墙绘，都有了余统德的笔墨风采。

目前，以农民画为龙头，余东村已经找到了一条农民画产业发展之路，美术工艺品制作、余东墙围画、彩灯制作、竹编工艺等已经慢慢形成了一个相互依存的文化产业，农民从业人数 310 人，已经形成村集体经济与村民双赢共富的局面。据不完全统计，2022 年，农民画相关产业产值超过 2000 万元，村集体增收超 100 万元，带动全年人均增收超 5000 元。要知道，村集体经济收入在 2018 年为 6 万元，2019 年为 12 万元，2020 年为 42 万元，2021 年近 100 万元，村民们看着好日子芝麻开花节节高，心里面别说有多高兴了！村里定期会给村民分红，余统德和夫人余雪莲共同创作过一幅农民画《共同富裕》，描绘的就是 2021 年春节余东村第一次全村分红的热烈场面，余东村的农民真正体会到了文化所带来的魅力，享受到了文化经济的快乐与幸福。

村党支书余良耀说得好，任何植物，只要太阳照得到，长势就一定会好。我们余东村就一直被党和政府“照”着，所以各项事业的发展当然就好了，我们余东村就是一片向日葵！

未来向我们招手

“种文化”种出了自信，也种出了文明。在文化的浸润下，余东村形成了良好的乡风民风，村民们文明有礼，村中数十年没有发生信访、刑事案件，获得了“全国文明村”的荣誉。

余东村通过“种文化”还种出了未来。就在新落成的“中国乡村美术馆”正式开馆之际，“余东未来乡村”建设也悄然启动。

“余东未来乡村”会是一个怎样的概念？按照浙江省委、省政府关于“全面推进乡村振兴、争创农业农村现代化先行省”的有关部署，未来乡村建设是一项以习近平新时代中国特色社会主义思想为指导，深入实施乡村振兴战略的新时代农村发展工程，将以党建为统领，以人本化、生态化、数字化为建设方向，以原乡人、归乡人、新乡人为建设主体，以造场景、造邻里、造产业为建设途径，以有人来、有活干、有钱赚为建设定位，以乡土味、乡亲味、乡愁味为建设特色，打造未来产业、风貌、文化、邻里、健康、低碳、交通、智慧、治理等场景，集成“美丽乡村 + 数字乡村 + 共富乡村 + 人文乡村 + 善治乡村”建设，着力构建引领数字生活体验、呈现未来元素、彰显江南韵味的乡村新社区。

具体到余东村而言，这项工程会立足于衢州大花园建设的美好憧憬，坚持用农民画点亮乡村，通过激发文化创新创造活力，不断把人文资源转化为经济发展优势和群众幸福指数，走出一条文化赋能乡村、助力共同富裕的未来乡村建设新路径。这是习近平“两山理论”的又一个重要实践，也是忠实践行“八八战略”，奋力打造“重要窗口”，加快打造新时代文化高地，为高质量发展建设共同富裕示范区注入强大文化力量的具体措施。正如柯城区委、区政府指出的那样，是余东农民画发展的又一里程碑，更是柯城区坚持文化引领乡村振兴的又一新起点。

美好的画卷徐徐打开，余东村以一幅农民画启动未来乡村建设，实施“一起画幸福”六大计划，加快把人文资源转化为经济发展优势和群众幸福指数，创建全省首批未来乡村。“一幅农民画”画出新天地，画出新未来。

一“画”人文品牌。余东村依托中国乡村美术馆、农民画研学采风基地等平台，借助2022年中国文化艺术发展促进会农民画专业委员会落户余东的机会，开办全国农民画发展论坛，承办赛事，举办展览，开展研学，做精做响“中国农民画第一村”品牌，不断擦亮余东农民画区域文化的一张金名片，目前，余东农民画已经成为第一批全国“一县一品”特色文化艺术典型案例。同时，以画联动，带动陶瓷、诗歌、竹编等乡土特色文化不断繁荣发展。

二“画”人才兴盛。余东村通过美好愿景引领和感召村民，提升“原村民”的素养、欢迎“新村民”的加入、吸引新乡贤的回归、鼓励有志者的创业，目前他们已经吸引70余名乡贤回乡创业，成立农民画协会等20余个文艺组织，发展617名村民会员，同时带动170多位农民成为画家、设计师、创客、乡村工匠等新农人。余东村还组建强村公司，招募乡村CEO，创造“集体+企业+画家+村民”的合作模式。

智慧余东

余东村文化礼堂

三“画”美丽宜居。按照“村庄即是景区、景区就是村庄”的理念，聚焦“山水林田湖实施”，合理布局景观节点，持续推进景区村建设，通过“微改造”，打造“一米菜园”，建设“乡土公园”，整治“美丽田园”，实施水系联通，点亮岸水景观，构建水美乡村，形成“菜园里小虫啾啾、田园里蛙声片片、山林里花香阵阵、小溪里流水潺潺”的美丽乡愁，让游客“看得见风貌、走得近村庄”。

四“画”产业兴旺。深入挖掘农民画产业链条，不断扩大“画产业”版图，构建形成以乡村美术馆为核心，农耕馆、乡贤馆等4个特色主题馆为支点的“一核多馆”文化展示格局，带动文创产品、研学写生、露营旅游等70余家文旅业态入驻，推动农文旅融合发展。同时，运用精美农民画包装赋能农业产业化，推动“粗放农业”向“品牌农业”升级。2022年，带动农民画相关产业产值增收3000余万元，实现村集体、农民“双增收”。

五“画”和谐幸福。现在，余东村已经数字赋能打造居家养老服务中心、儿童之家、智慧健康驿站等公共服务场景，不断提升“一老一小”公共服务水平，获评全国最美志愿服务社区，入选省首批共同富裕现代化基本单元。未来，他们还将推进村庄智慧化、产业智能化、服务智联化，构建全新的未来乡村新治理体系，在享有便捷的智慧化服务中，提高乡村居民的获得感、归属感和幸福感。

六“画”共同富裕。以余东画村为龙头，携手周边余西、碗窑、碗东、五十都、斗目垅、洞头、后坞、沟溪村8个文化特色村，成立了“未来乡村九村共富联盟”，规划“一核一圈一体两翼”发展蓝图，形成美育区、文创区、文旅区、田园区、共富区等“五个区”，通过党建联建、村村联盟、村企联合、山海联动，实施文化联姻、产业联动，深入挖掘乡村“人文资源+生态资源”，聚焦一村一文

碗窑村的景象（柯城区沟溪乡供图）

化、一村一特色，不断拓宽农民画、陶瓷等特色文化产业链条，谋划形成画坊、瓷坊、面坊等共富工坊，带动600多位农民在家门口就业创业。2022年，联盟村村集体经营性收入年增幅210%，实现全乡16个村集体收入全员突破30万元。

目前，余东农民画已经实现了五个“转变”，即从卖画到卖包装、卖版权、卖文创、卖旅游的转变，从线下发展到线上拓展的转变。

余东村通过精美农民画包装和余东未来乡村品牌，赋能“晒太阳的面条”“爱画画的大米”“听音乐的葡萄”，还有年糕、粉干、跑步鱼等20余种特色产业包装设计，黄澄澄的橘子，红彤彤的年货，农民画的元素让包装盒传递着美好的祝愿；他们与投资人成立浙江某食品有限公司，以农民画入股，用于食品包装设计，农民画将拿到企业20%的分红。

余东村深化文化版权产品发售，他们与华为技术有限公司合作，开发余东农民画手机端产品，进驻拥有5亿用户的“华为主题商城”，开辟“掌上市场”。他们与万事利集团等企业携手，开发农民画丝巾。

余东村卖文创的力度也非常强盛。中国乡村美术馆 4200 平方米的场馆不仅收集了全国各地的农民画作，还创新地建立了文创区域、园林空间以及庭院设计等不同类型的美术作品，让这里成了文创的一个孵化地。他们还运用“元宇宙”开发农民画数字藏品，2022 年五六月间，一批余东农民画作品被开发成近 7000 份数字藏品，分三期在淘宝、阿里拍卖等数字藏品平台上竞拍，共吸引了 10 余万人围观，所有藏品上线即被抢购一空。首发《中华腾龙》农民画数字藏品卖出 4.975 万元，实现数字赋能产业提质。

余东村的卖旅游，已经实实在在给了农民许多的好处：

——他们以公路通景线、沿溪风光线、美丽庭院精品线“三线”为纽带，在沿路沿线、拐角巷口等场所，将色彩艳丽、纹饰优美的农民画绘制上墙，形成独具匠心的“十里画廊”。

——他们充分利用拆后地、抛荒地、闲置地，建成“绿色菜园+多彩果园+乡土公园+休闲乐园+研学乐园+产业乐园”六园共建的特色精品“一米菜园”。原来荒芜贫瘠的土地，现在绿意盎然，除了吸引诸多知名画家到此采风外，种的菜还进入了蔬菜集团的卖菜超市，这里同时也成为孩子们认识农作物，了解农业生活最好的课堂。

——他们将闲置的 50 多栋民居统一收储，一体化规划，通过青石砖、石子路、老房子、土灶头等局部的微改造，展现乡村肌理，完善服务功能，丰富村民创业空间。于是，这里成了高等院校的采风写生基地，成了中小学校研学的满意住处，成了抖音室、咖啡屋、农耕馆、竹编馆、餐饮馆。

——精致的民宿一家又一家地开出来，“园素”“悦隐·画俚”笑脸相迎；南孔文创的咖啡香飘四溢；藏有 8000 余册专业美术书籍的乡村美术馆也应运而生，24 小时开放，并且与衢州市图书馆实现互联，打通了彼此借阅的通道。

——在余东村，有个富有创意的“十大碗联盟”。这个“十大碗”是这样运作的：首先，村民们带着自家的蔬菜和鸡鸭，现场制作拿手好菜，谁家获得的赞最多，谁家的菜就可以入选村里统一的推荐菜单；其次，外地客人在村办“土灶头”饭店吃饭，点了哪个菜，那个菜就直接从村民家里配送到客人桌上。因此，这里吃的每一碗菜，都有妈妈烧出来的味道！这样做的结果，一是实现了农户在家烧好菜就能增收致富。有一年国庆七天长假期间，回乡开店卖“妈妈饼”的肖美仙，就赚了将近 10 万元，现在，“妈妈饼”又开进了衢州城里。二是可以避免餐饮的无序竞争。三是进入“卫生统一要求、质量专人负责、利益分红享受”的良性循环。2021 年国庆节期间，有几个杭州游客从口口相传中知道了“十大碗联盟”，相约结伴专程前往，先是两家人报名前往，结果去了七家人。他们说这里卖的不是饭菜，而是对妈妈的回忆，是给味蕾“乡愁”的一份慰藉。

余东农民画的五个“转变”，是在快速发展的现代生活中，留住了“乡土味”、增厚了“乡亲味”、诗化了“乡愁味”。

衢州市、柯城区、沟溪乡三级党委和政府以未来乡村建设为抓手，以诗画风光带为主线，突出点、线、面三个层次，串珠出链、连线成片，推动一个未来乡村，带出一批未来乡村，实现各个村庄优势互补、资源共享，在项目建设、产业培育、产品销售等方面实现抱团合作，联动发展。在距离余东 3 公里的碗窑村，农民画与制瓷技术结合，让“瓷画”产业规模在 2021 年就突破了 400 万元。

余东村的产业效益目前还外溢到了周边省份和地区，特别是作为“95 联盟大道”的重要站点之一，也分得了首个跨省域交旅融合项目创新实践的红利。

“95 号联盟大道”是 2021 年由浙江衢州、安徽黄山、福建南平、江西上饶四市正式开启的合作共建项目。这个项目利用现有的道路资源整合资源，统一标志标线、统一改造标准、统一信息服务、统一协调管理，将原来衢黄南饶四市分段、分散的国省道以及县乡道路进行连通赋能，总长度约 1995 公里。因其串联 9 个 5A 级景区及众多优质旅游资源，所以被富有创意地称为“95 号联盟大道”。

在这个中国跨省域国家生态旅游协作先行区里，徜徉“浙里山水”，描绘“皖美如画”，共同“闽扬天下”，努力“赣出精彩”，将理念化为行动，将愿景变为现实。“95 号联盟大道”从余东穿村而过，连接高速公路的余东驿站、陌野露营基地、休憩馆和服务区，远处是溪水亲近自然，近处是烧烤暖人肠胃，周遭更是人群聚集，烟火气息满满，“美丽经济，幸福产业”正在向世人招手。

余东未来乡村以画兴业的实践，已经入选浙江省首批共同富裕现代化基本单元名单。一个具有“国际范、江南韵、乡愁味、时尚风、活力劲”的未来乡村样板正在余东有序地形成。未来乡村因画而有魂，而余东画村又因未来乡村的融入而焕发出蓬勃的活力。

正如农业农村部专家咨询委员会委员、浙江省之江乡村振兴研究院首席专家顾益康所说：“有了文化就有了活力，有了文化就有了魅力，有了文化就有了它独有的底蕴。余东展示了未来乡村发展的一个方向，也成了未来乡村的一种典范。”

尾声

新的画卷

余东农民画是中国农民画发展的一个缩影。中国农民画是一个很奇特的现象，那些没有受过任何专业训练的农民，技术虽然比较笨拙，却有着极高的绘画天赋。农民画既没有国画中的皴、擦、染等技法，也没有油画中的色块、线条、透视等规矩，就画眼睛所见、心里所想的东西，农民画家内心生发对生活的热爱，落实到了画面上，就是画的选题和构思。他们展示的是农村的热烈和悠然，农民的喜悦和情怀、追求和执着。在他们的画中，技法可能是10%，真诚却是90%，你会被牵引、被感动。50多年来，中国农民画家活跃在广袤大地上，让乡村文化更有内涵，让文明建设更接地气，让中国百姓更加贴近时代的精神“红利”。农民画因此成了文化符号，成了一种意境，一段历史。

中国农民画也同时受到了国际艺术界的重视。在中国、在浙江，文化代表团出访的时候，农民画往往成为对口国家和政府最为重视的礼品。无论秀洲农民画、舟山渔民画，还是余东农民画，都是如此。2016年，G20峰会在杭州举行，浙江省文联印制的10幅一套的农民画明信片，受到各国领导人、嘉宾和记者的欢迎，3万套明信片全部被带走珍藏。

2021年6月8日，余东村26位农民画家精心创作的100件农民画作品，以“感恩共产党，描绘新时代”为题，在浙江展览馆举办了“庆祝中国共产党成立100周年余东农民画展”，成了浙江艺术家庆祝百年诞辰的一抹特殊亮色。

50多年来，余东村民一手握锄掌生计，一手执笔绘春秋，家乡山水的美好诗意，农村生活的蒸蒸日上，都在这100幅余东农民画里得到了充分的表现。余东村老百姓对中国共产党带领中国人民取得翻天覆地的变化感受最深，感情最真，他们没有更多华丽的语言，他们要以自己的画笔画下村庄的变化，描绘幸福的生活，为党的生日献上一份朴实而深厚的真情告白。

郑利民非常清楚，余东农民画的每一步都离不开党和政府的关心支持，因此，“举办农民画主题创作展，是余东农民画家感恩党、感恩新时代、永远跟党走的具体体现，是‘不忘初心、牢记使命’的再集结、再出发，也是余东农民画的寻根铸魂之旅”。

一个普普通通的农民画展览，画作都是小小余东村的历史变迁和各个时代的印记，折射出的却是中国乡村发展的美丽缩影，画里画外表达的是村民对共产党的朴素情感，唱出了村民对新时代的声声礼赞。

在奔小康的历史进程中，余东农民收获了丰硕的成果，那么，如何按照习近平总书记“共同富裕”的要求，发挥优势，打造品牌？这是每一个乡村都需要面对的问题。余东农民画的探索意义在于：

一是“厚植一块地”。乡村民间是一块肥沃茂盛的宝地，会有许许多多的艺术之“苗”，这是中国国情的特点。各级党委和政府在文化发展的过程中，需要做的是积极支持和用心培育，使草根性的农民艺术创作得以茁壮成长。余东农民画的发展历程表明，文化建设不仅要“送文化下乡”，而且还要“种文化发展”，农民既是被动接受的文化消费者，更是主动进取的文化创造者和贡献者，这样一来，精神文明建设就接地气，有生命力，就是最好的“新时代文明实践”。

二是“打开一扇窗”。通过农民画与外面的世界联系在一起，从自娱自乐到走出乡村，再走向全市、全省、全国，现在已经走向世界，过去不可想象的画面，现在已经成为现实；同样，走出去的路径也就是请进来的路径，一幅小小的农民画将世界拉进了余东。

三是“走活一盘棋”。走发展农民画的文化之路，把余东村激活了。因为余东的激活，又激活了周围的一片地方，继而激活整个柯城区。余东是“95 联盟大道”的重要站点之一，积极参与浙江衢州、安徽黄山、福建南平、江西上饶“浙、皖、闽、赣”四省跨省域的旅游协作，把这一片也激活了。从余东农民画的发展可以看到，文化与经济、城市与乡村已经紧密联系在一起，这样的良性循环吸引了更加优质的要素，发展的能级因此就更大，已经走出了一条新的文化赋能经济发展的“乡村集成创新”之路。

四是“带富一方人”。由余东农民画开启的产业业态已经具有了很强的产业带动能力，优质要素纷纷植入，“人流”“物流”“信息流”不断汇聚，通过深入挖掘农民画特色文化产业链条，把乡村人文资源转化成经济发展优势和群众幸福指数，带动村集体和群众双增收。这是一块不断增大的优质“蛋糕”，有着良好的想象空间，必将带动全村百姓走向共同富裕。

农民从种庄稼赚钱，到用艺术品创收，实现了人生的角色转换和美丽蝶变。他们把文化种在土地上，种在生活中，同时也种在自己的梦想里。农民种文化种出了一片美丽动人的风景！

文化是支点，撬动了整个乡村的发展。这个点不是哪一个人打造出来的，而是农民积极参与，党委和政府因势利导而成的。更为重要的是，余东村的发展，不论在发展思路上还是在工作部署上，都与“八八战略”紧密连接，而且在时间节点上也紧紧跟随。余东村的干部群众以自己的努力工作，践行着“八八战略”的思路和理论，让文化力得到了充分的张扬。一个小小的文化力，居然能够放出如此惊人的能量。

浙江省委在全省深化“千万工程”建设、新时代美丽乡村现场会上强调，要对标对表习近平总书记关于实施乡村振兴战略和推进共同富裕重要论述的精神，围绕环境“美”、产业“旺”、活力“足”、风尚“好”、韵味“浓”、服务“优”、价值“高”、机制“畅”，绘就共同富裕大场景下新时代美丽乡村的新图景，将浙江的美丽乡村建设为农民幸福生活的美好家园、市民旅游休闲的理想乐园、大众创业创新的希望热土、浙江共同富裕的展示窗口，努力为全国推进乡村振兴和全体人民共同富裕贡献更多的浙江力量、提供更多的浙江素材。

习近平总书记在考察清华大学美术学院时指出，美术、艺术、科学、技术相辅相成、相互促进、相得益彰。要发挥美术在服务经济社会发展中的重要作用，把更多美术元素、艺术元素应用到城乡规划建设中，增强城乡审美韵味、文化品位，让美术成果更好地服务于人民群众对高品质生活的需求。

2022 年 5 月，浙江省委宣传部、省乡村振兴局、省文联共同印发《关于开展“艺术乡建”助力共同富裕的指导意见》，未来浙江将通过开展“艺术乡建”，引领乡村文化发展，以文艺因子激活乡村资源，赋能乡村产业，美化乡村环境，让艺术和乡村从邂逅到相依、相融，让乡村文脉通过艺术行为、审美认知得到创新性传承。当今的浙江，艺术乡建成为活化乡村历史文脉的“催化剂”，打通城乡要素资源的“连接桥”，促进乡村整体振兴的“助推器”。一个个乡村，通过艺术找到了新的生命坐标。

党的二十大报告提出的中国式现代化，离不开农业、农村、农民的现代化，更不能落下农民自身观念的现代化。而实践也证明，只有让艺术深深扎根乡村大地，才能流露出真挚的情感，才能产生动人心魄的力量，才能在共同富裕中实现精神富有，在现代化先行中实现文化先行。

新的乐章已经奏响，余东农民画将在乡村振兴中，涂上亮丽的色彩；在共同富裕的道路上，铺下壮丽的画卷！

2021 年 12 月 12 日初稿
2022 年 7 月 7 日二稿
2023 年 4 月 6 日三稿
于杭州良渚文化村“席间”

后 记

到2023年，习近平同志提出“八八战略”已经二十周年了。二十年来，浙江各级领导，从省委、省政府到基层乡镇党委、乡镇政府，一任接着一任干，一张蓝图绘到底，将总书记亲自擘画、高屋建瓴绘制的这张蓝图，具体而精彩地呈现在浙江的美丽大地上，谱写出一曲曲“小康生活”的交响乐、“共同富裕”的进行曲。浙江经济、政治、文化各个方面的面貌，因此发生了深刻而又巨大的变化；浙江人民的生活，因此幸福而美好。

余东村就是这个深刻变化中的一个生动具体的典型。2021年，在筹备迎接中国共产党建党百年文艺活动的时候，我感受到不少余东干部、群众，特别是农民画家，对党发自内心的感恩之情，他们的言语是那么平凡而朴实，感情是那么热烈而真挚，这一切深深地感染了我，于是，我决定从“一个村庄农民画发展”这样一个小小的角度，来书写我们这个伟大时代的壮丽画面。

现在，在《从大地生长的艺术》即将付梓之际，回想具体的写作过程，个中甘苦都已经化为了美好的回忆。

这本书写得艰苦。一是苦在缺少时间。白天上班，工作超级多，特别是在庆祝建党百年的关键时刻，大量的文艺纪念活动需要参与筹备、协调、部署，为了做好“百年担当”艺术特展，常常加班到深夜才回家，往往就只能在地铁上构思创作，写在随手抓到的白纸上，回到家后，不管多晚、多累，都赶紧打字，录到电脑里，以防灵感“游走”。2021年的许多周末，还有“五一”“十一”等国定长假，都是我去余东村采访的日子，往往周末两天采访，周一到周五写作，如此循环，直到成书。

二是苦在空间阻隔。报告文学不是小说，它必须以事实为根据，必须“在场”创作。有些故事，听了以后，还需要向第三方查实；有些景物，知道大概后，还需要到现场观察；有些当事人，一次采访不够，还需要两次、三次地去，有时候对方也会有别的安排，不一定马上找得到，因此还得熬到下一个周末才能如愿。更难受的阻隔是，随时可能引发的新冠疫情。本来计划好的事情，会因为防疫的需要，不得不一再推迟或取消。每次坐在去衢州的高铁上，都会提心吊胆，唯恐与疑似者有空间交集。朋友们看到我，都说我最近瘦了，我笑答，“为伊消得人憔悴”啊！

但这本书写得相当快乐。第一个快乐在于，我终于整合了我的知识积累，完成了这本小书。我一是秉持着社会学泰斗费孝通的教诲，做好田野调查，凡事都与当事人反复交谈、深入内心，才会落笔；二是秉持历史学的治学原则，以事实为依据，不编造也不掩饰，尽可能呈现历史的本来面目，一切对历史负责；三是拿出文艺评论家的眼光，对农民画作品给予实事求是的评价，褒奖精彩之处，指出不足之处，与人为善；四是运用文学创作的笔法，将人物鲜活和文字流畅，作为我的创作追求。这四个方面，我努力在做，但肯定还有很大的差距，最后可以打几分，见仁见智，由各位读者说了算。

第二个快乐在于，和余东农民画家的兄弟姐妹们成了知心的朋友。我永远忘不了第一次上门时候吃到的“糖汆蛋”，傍晚时分的一盅老酒和屋前小菜，徐徐秋风中院子石桌旁吃水果、逗小孩，他们会像老朋友那样，招呼我进屋小坐喝口茶、吃个饭；我忘不了曾经一起剥橘子、取橘皮，一起玩泥巴、做碗盏，一起在直播间、竹编馆里品精品、话未来，感谢他们的信任，把许多精彩的人生故事说给我听；我还忘不了他们从很旧的帆布包里，拿出一份又一份超过半个世纪的历史资料，从发黄的报纸里，展开一张又一张当年的个人作品，在新住房的地上，摊开一幅又一幅墨迹未干的精心之作，我们会站在那里指点、商榷甚至争论，彼此都像是快乐好学的小学生。非常感谢他们，他们才是这本书的第一作者，是余东农民画史当之无愧的创造者！

在对余东农民画追根溯源的过程中，我也真正体会到，如果没有各级政府的持续支持和大力推动，农民画要发展到今天这样的规模，具有如今这样的影响力，是难以想象的。我写作的过程，其实是一个受教育的过程，我从这些老师、专家和各级干部身上，看到了他们的责任与担当，无私与奉献，奋斗与坚持。

在本书的采访中，衢州市、柯城区、沟溪乡的前任和现任领导，给予我的工作许多的帮助和大力的支持，为我提供了大量翔实、基础的背景材料，使我的写作有了极大的便利，还有准确的方向，借此机会，我要深深地感谢他们！因为时间、条件等方面的原因，对有些领导和专家的采访难免有遗漏，在未来的写作中，我会继续追踪这个题材，书写他们的精彩故事。

我要衷心感谢衢州市委宣传部、柯城区委宣传部对本书顺利出版给予的精心指导和大力推动。

我要衷心感谢中国文联副主席、中国美协副主席、浙江省文联主席许江先生，他一直忙于数个大型展览的筹备活动，个人还有一幅四明山题材的大型作品在创作之中，即使在如此繁忙的情况下，还认真阅读了此书的清样，亲笔撰写洋洋两千言的序言，拳拳诚心令人感动。

我要衷心感谢浙江省美术家协会副主席骆献跃先生，是他的热情张罗和专业指导，促成沟溪乡邀约我创作本书，使我能为余东农民画的发展做了一点微薄的贡献。

我要衷心感谢我的同事、著名画家池沙鸿先生，20多年前，我在嘉兴服务秀洲农民画时，他就经常下乡辅导农民画家创作，我们因此结下了深厚的友谊；这次，他又在进行视网膜手术前后，为我审读了书稿，提出了非常专业而诚恳的意见和建议。

我要衷心感谢我的同事、好友罗剑华先生，在整个创作中，给了我许多有益的启发；在纷杂的历史里，帮助我厘清了叙述的思路；在人物群像的梳理中，理顺了彼此的关系，让我事半功倍。

我要感谢沟溪乡文旅办公室副主任冯一豪先生，几次去余东，来回交通、走村入户，都是他一手张罗，不知占用了他多少休息时间；每每需要资料，一个电话或微信消息过去，他都立即操办，每次都会给我非常满意的答复。

我要感谢摄影师宋驰、韩嘉懿为本书拍摄了精彩的照片，也要感谢沟溪乡和部分画家提供了历史照片。

我还要感谢我多年的好友，衢州市文联原主席、衢州市作协原主席陈才先生，他对于衢州文化的了解与解读，让我非常受用。我也在创作中引用了他的一些素材，给本书增添了光彩。

当然，还要感谢浙江人民美术出版社社长管慧勇先生，副总编辑李芳女士，编辑郭哲渊先生、徐寒冰女士，美编王好驰女士，他们的责任心和专业能力，让这本不起眼的小书，变成今天你们看到这样美好的样子。

图书在版编目（C I P）数据

从大地生长的艺术：浙江衢州余东农民画发展纪实 / 郑晓林著 . -- 杭州：浙江人民美术出版社，2023.6
ISBN 978-7-5340-9716-4

Ⅰ . ①从… Ⅱ . ①郑… Ⅲ . ①画家—事迹—衢州 Ⅳ . ① K825.72

中国版本图书馆 CIP 数据核字 (2022) 第 173698 号

策　　划　李　芳　骆献跃
责任编辑　郭哲渊　徐寒冰
美术编辑　王妤驰
责任校对　毛依依
责任印制　陈柏荣

从大地生长的艺术
——浙江衢州余东农民画发展纪实

郑晓林 著

出版发行　浙江人民美术出版社
（杭州市体育场路347号）
经　　销　全国各地新华书店
制　　版　浙江新华图文制作有限公司
印　　刷　杭州捷派印务有限公司
版　　次　2023年6月第1版
印　　次　2023年6月第1次印刷
开　　本　710mm × 1000mm　1/16
印　　张　18
字　　数　250千字
书　　号　ISBN 978-7-5340-9716-4
定　　价　98.00元